最有梗的理科教室

燒杯君
與他的理科小夥伴

圖文 上谷夫婦・編著 學研PLUS・譯 黃郁婷

審定 台北市龍山國中理化教師 鄭志鵬、新竹市光華國中生物教師 簡志祥

本書的使用方法

本書可以幫助你輕鬆學習中學的理科知識。你可以單純先從漫畫看起，再針對覺得有興趣的部分進一步閱讀。或者也可以照自己喜愛的方法和進度學習中學的理科知識！

─植物的生活與種類─

第一章先來統整並學習生活周遭的植物，有哪些構造與機能。接著來認識植物與眾多生物的生活存在哪些關聯吧！

被子植物

單子葉植物
百合太太
擁有做人的筆直伸展的葉子。

雙子葉植物
牽牛花太太
早睡早起的踏實生活家

油菜花同學
博學多聞，喜愛春天。

裸子植物

種子植物

蘇鐵太太
總是在陰影處冷眼觀察。

銀杏同學
個性認真，請別嫌它囉嗦。

利用孢子繁衍的植物

蹄蓋蕨同學
覺得自己比地錢優越一些。

地錢同學
很隨興，喜歡在遮陰處。

朋友 / 三姑六婆 / 散對 / 瞄住 / 優越感 / 朋友

1. 生物篇   010

① 角色關係圖

先來認識每一章的登場人物吧！這樣會比較容易了解他們的對話內容喔！

2 漫畫

幫助學習理科知識的漫畫，讓重點在歡笑中成為記憶。

3 知識解說

看過漫畫以後再閱讀解說，可以對相關內容產生更深入的理解喔！

4 重點提示

提示該頁的重點是測驗考試的重點。

顯微鏡的使用方式

當然，在真實世界中，阿米巴原蟲並不會變大。
透過這單元，我們來學學顯微鏡的使用方式吧。

① 調整反光鏡的角度與光圈，使整體視野的亮度均勻。
② 將玻片標本放在載物台上，接著調近物鏡。
③ 以步驟②的相反方向旋轉調節輪，一邊將玻片標本與目鏡的距離調開、一邊對焦。

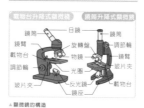

▲ 顯微鏡的構造

POINT

$$顯微鏡的倍率 = 目鏡的倍率 \times 物鏡的倍率$$

利用統整單元模擬測驗！

這裡彙整了重要的公式或知識。在接受測驗之前，可以利用本單元，快速統整希望複習的重點內容。

CONTENTS

1

生物篇

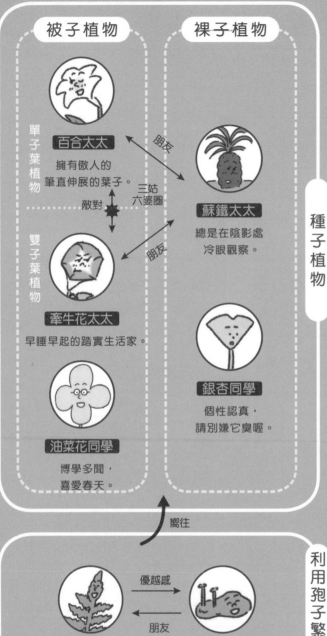

一 植 物 的 生 活 與 種 類 一

第一章先來統整並學習生活周遭的植物，有哪些構造與機能。

接著來認識植物與眾多生物的生活存在哪些關聯吧！

被子植物

單子葉植物

百合太太

擁有傲人的
筆直伸展的葉子。

雙子葉植物

牽牛花太太

早睡早起的踏實生活家。

油菜花同學

博學多聞，
喜愛春天。

裸子植物

蘇鐵太太

總是在陰影處
冷眼觀察。

銀杏同學

個性認真，
請別嫌它臭喔。

朋友

三姑
六婆圈

敵對

朋友

種子植物

嚮往

利用孢子繁衍的植物

蹄蓋蕨同學

覺得自己
比地錢優越一些。

優越感

朋友

地錢同學

很隨興，
喜歡在遮陰處。

顯微鏡的使用方式

當然，在真實世界中，阿米巴原蟲並不會變大。

透過這單元，我們來學學顯微鏡的使用方式吧。

① 調整**反光鏡**的角度與光圈，使整體視野的亮度均勻。

② 將玻片標本放在載物台上，接著調近**物鏡**。

③ 以步驟②的相反方向旋轉**調節輪**，一邊將玻片標本與目鏡的距離調開、一邊對焦。

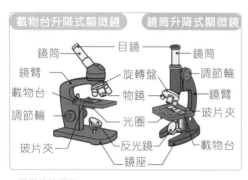

▲ 顯微鏡的構造

POINT
顯微鏡的倍率 ＝ 目鏡的倍率 × 物鏡的倍率

變大吧！

銀杏同學

讓我也來看看吧！

鬱金香同學

透過顯微鏡可以把東西放大來看喔！

哦！是阿米巴原蟲耶！

改用其他倍率來看看吧！

× 40

咦，怎麼還沒調整，影像就變大了？

！

× 40

天哪，越變越大了⋯⋯

一直再變大，快逃吧！

扭動　扭動

水中的微小生物

草履蟲是住在池子或湖裡的微生物。其實牠們的身體也是有厚度的，只是透過顯微鏡被觀察到的時候，被玻璃片壓成很像草鞋的形狀。

在水中，除了像草履蟲之類無色且會移動的微生物以外，還有些是綠色但是不會移動的微生物。不過有一種很特別的微生物叫做「眼蟲」（綠蟲藻），牠既是綠色，也會移動喔！

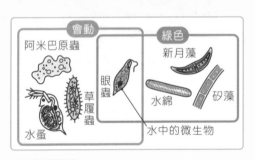

▲ 水中的微生物

P O I N T

○ 眼蟲是綠色，又會移動的水中微生物。

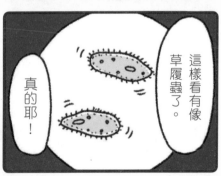

草履蟲的祕密

被子植物的花朵構造

「種子被包覆起來」的植物叫做**被子植物**，我們可以用字面上的意思記住被子植物的花朵構造。花粉附著在雌蕊的**柱頭**上稱為**授粉**。雌蕊授粉以後，**子房**會逐漸長成**果實**；**胚珠**會逐漸長成**種子**。另外，花瓣基部互相分離的花稱為**離瓣花**；花瓣基部相連的花稱為**合瓣花**。

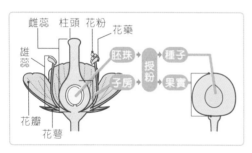

▲花與果實的關係

POINT

● 被子植物的胚珠受到子房包覆。

被子用蓋的！

這是我們被子植物的花朵構造圖喔。

牽牛花同學　油菜花同學

嗯嗯

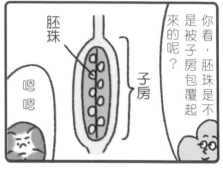

你看，胚珠是不是被子房包覆起來的呢？

胚珠

子房

嗯嗯

所以被子植物的「被」就是「覆蓋」喔。

原來如此！

所以守護胚珠要做到「鋪天蓋地」呀！

靈光一閃！

……到底有沒有在聽我說明呀？

裸子植物毬果的構造

裸子植物沒有子房，胚珠是裸露的。顧名思義，「裸子」就是「裸露的種子」的意思。

沒想到這兩種裸子植物突然害羞了起來。不過，植物沒穿衣服本來就是理所當然的事情呀！

松樹的毬果有雄毬果與雌毬果的分別：雄毬果的鱗片有**花粉囊**；雌毬果的鱗片有裸露的胚珠，雌毬果授粉以後會形成毬果。

銀杏同學

我們裸子植物沒有子房。

所以「裸」就是赤裸裸的意思。

松同學

這樣說起來，我們倆都是赤裸裸的……

赤裸裸？

▲ 裸子植物毬果的構造（松）

……

確實是耶……

突然覺得好害羞喔……

POINT

○ 裸子植物的胚珠裸露在外。

氣孔與蒸散

糟糕，釋出太多水蒸氣，植物都要乾枯了，必須趕緊關閉氣孔，避免水分釋出才行。

植物的葉片聚集了許多細胞。**氣孔**被兩個**保衛細胞**包圍，水分就是從氣孔變成水蒸氣後排出外界，這就是所謂的**蒸散作用**。氣孔同時也是氧氣與二氧化碳進出植物的出入口。

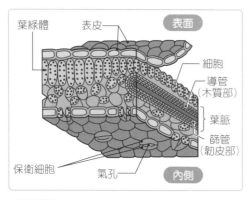

▲葉的構造

葉綠體　表皮　表面
細胞
導管（木質部）
} 葉脈
篩管（韌皮部）
保衛細胞　氣孔　內側

你在做什麼？

呼哈～

表皮細胞同學　保衛細胞同學

在蒸散呀！

天氣熱，所以釋出水蒸氣，好幫身體冷卻下來。

這樣呀！

咦，怎麼了？

怎麼覺得緊迫了起來？

糟了！這下換成缺水了！

大家快關閉氣孔！快關閉呀！

烈日當空

POINT

○ 氣孔像是植物的鼻孔 → 氧氣、二氧化碳的出入口，水蒸氣的排出口。

導管與篩管

植物透過**根毛**吸收水分，然後透過**導管**輸送到葉子。葉脈與莖的**維管束**相連；維管束匯集了輸送水分等的管路──**導管**，以及輸送葉片製造的養分的管路──**篩管**。

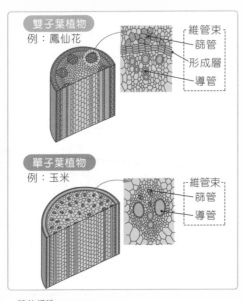

雙子葉植物
例：鳳仙花

維管束
篩管
形成層
導管

單子葉植物
例：玉米

維管束
篩管
導管

▲ 莖的構造

ＰＯＩＮＴ

○ 導管負責輸送水分，用「水管」的概念來記憶吧！

怎麼啦？

嗚嗚

蘿蔔同學

蘿蔔種子同學

剛發芽長出來的根發黴了啦～

有嗎？哪裡？

呵呵呵，那個不是發黴，是「根毛」啦！

根毛有擴增表面積的效果呦！

原來是那樣呀。

原來只是根毛，害我心裡毛毛的！

暈

光合作用

光合作用，是植物受光製造養分的作用。由於傍晚的陽光幾乎沒有辦法促進光合作用，所以鬱金香的謊言一下子就被戳破。

光合作用是在**葉綠體**進行的：

$$水＋二氧化碳 \xrightarrow{光} 醣類等＋氧氣$$

醣類會溶解在水中，透過篩管輸送到整株植物。

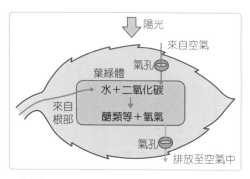

▲ 光合作用

POINT

○ 光合作用是消耗水與二氧化碳，形成醣類等與氧氣。

呼吸作用

植物和人類等動物一樣會**呼吸**，所以被鍬形蟲同學這麼一問，植物同學也困惑了呢！

植物其實也會在白天進行呼吸作用，只是漫畫沒畫出這個部分而已。植物之所以給人在白天吸收二氧化碳的印象，其實是光合作用所吸入的量大於呼吸作用所排出的量的緣故。

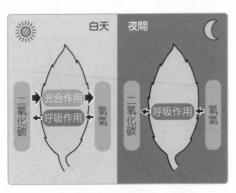

▲ 氣體在白天與夜晚進出植物的情形

Ⓟ Ⓞ Ⓘ Ⓝ Ⓣ

○ 白天：進行光合作用與呼吸作用。

○ 夜間：只進行呼吸作用。

↑鍬形蟲

單子葉植物與雙子葉植物

百合花太太與牽牛花太太都向對方驕傲的展示各自的特徵，不過那些都是因為**單子葉植物**與**雙子葉植物**之間的差異，沒有誰一定比較好。

	單子葉植物	雙子葉植物
子葉	1片	2片
根系的模式	鬚根	主根 側根
莖的維管束	散生	環狀
葉脈	平行脈	網狀脈
植物例	玉米、百合、芒草	油菜、蒲公英

▲ 單子葉植物與雙子葉植物的特徵

ＰＯＩＮＴ

○ 被子植物
　子葉1片→單子葉植物
　子葉2片→雙子葉植物

女性的戰爭

我這直線延伸的葉脈很美吧！

我的根也很濃密呢！

↑牽牛花太太　　↑百合花太太

我說這位太太，葉脈還是網狀才美呢！

單子葉植物是不是連腦袋都是直線條呀？哦呵呵

氣！

你看看，我們家孩子多麼可愛呀！

哪裡可愛？我們家孩子才可愛呢！

被子植物爭得可真兇呀⋯⋯

蘇鐵太太

不吸水的假根

對了，我們也有假根喔！

雖然不能吸收水分，但是能協助身體固定在地面上喔！

掀起～

不能吸水！那你們是怎麼吸收水分的？

呵呵呵

就從其他植物那裡吸過來啊！

嘻～嘻～嘻～

驚！

快逃呀！

呀～

啊，跟你開玩笑的啦！

「胃」管束？

我們都利用孢子繁殖♪都最愛潮溼的環境♬

地錢同學　　蹄蓋蕨同學

等等！

雖然我們開心的不知不覺一起唱起歌來，可是我們不是同類耶。

我確確實實的擁有植物該有的根、莖、葉。

也有維管束，所以身體可以長大呢！

咦？

胃管束？

意思是說，你有內臟囉！

不是胃，是「維」！

利用孢子繁殖的植物

蕨類植物與**蘚苔植物**都是利用孢子繁殖，而不長種子的植物。乍聽之下好像是同一類，其實身體的構造可是完全不一樣喔！

● **蕨類植物的特徵**

・有根、莖、葉之分。

・有維管束。

・有葉綠體，能夠進行光合作用。

● **蘚苔植物的特徵**

・沒有根、莖、葉之分。

・有假根可以將身體固定在地面上；水分則藉由全身吸收。

・沒有維管束。

・有葉綠體，能夠進行光合作用。

▲ 蕨類植物的構造（蹄蓋蕨）

▲ 蘚苔植物的構造（地錢）

POINT

○ 蕨類植物與蘚苔植物都可利用孢子繁殖。

生物之間的關聯

在自然界中，許多生物的生活互相關聯著。

統括棲息在某一個環境中的所有生物的系統即稱為**生態系**。

在生態系中，生物因為「吃」與「被吃」所形成的關係稱為**食物鏈**。生態系中，生物的數量與關係通常以金字塔作為表示，並且維持在平衡的狀態。

底面積愈大，數量就愈多。

高級消費者（大型肉食動物）
次級消費者（小型肉食動物）
初級消費者（草食性動物）
生產者（植物）

▲ 生態系金字塔

ＰＯＩＮＴ

● 生物之間因為「吃」與「被吃」所形成的關係稱為食物鏈。

兔子吃菜，狐狸在後

救，救命啊！

抓到！

高麗菜同學

呼——得救了。

結果怎麼又跑來狐狸啦！

呼——狐狸也逃走了。

可是，好像又有巨大的影子過來了!!可怕！可怕！

黑影罩頂...

物質的循環

就這樣……香菇同學被端上了人類的餐桌。

其實真菌與細菌類都是很貼近我們生活的生物，只是平常很少注意到而已。

真菌與細菌類等都是將有機物質分解成無機物質的**分解者**。

此外，我們稱植物為**生產者**；稱將植物或其他動物當成食物的生物為**消費者**。

在生態系中，碳元素與氧元素等物質會因為生物的分解作用而循環不已。

ⓅⓄⒾⓃⓉ

- 生產者：進行光合作用的植物。
- 消費者：吃其他生物的生物。

外來種與原生種

沒想到日本原生種蒲公英突然暴怒起來。不過這也難怪，畢竟那是和他們切身相關的事情呀。

像是在日本的西洋蒲公英等，被人類帶到當地以後就地野化，並且繁衍起後代族群的物種，稱為**外來種**。至於像日本原生的蒲公英等，原本就在當地生存的生物則稱為**原生種**。

也有將外來種稱為歸化生物的說法。

●POINT

● 被人類攜帶入境，並且成功在當地繁殖族群的生物，稱為外來種。

咦？

那孩子和我們不太一樣耶！

蒲公英同學們↑

它們呀，是歐洲來的外來種啦。

原來如此

西洋的蒲公英　日本原生種蒲公英

←這裡不同→

種類變多也是好事啊！

暴怒！

哪裡好了！

外來種多起來的話，我們的生存空間就會一直變少。

對不起啦！

瞬間翻臉真嚇人……

地球暖化

面對這問題，雖然其中一位蒲公英同學表現得很悠哉，不過這的確是不可不認真看待的問題。

我們的富裕生活方式已經造成大氣中的二氧化碳濃度極速飆高。

二氧化碳會吸收原本應該從地球逸散到宇宙的熱能，並且再度釋放回地球，產生提高氣溫的效果──也就是所謂的**溫室效應**。

急遽的環境變化也是導致眾多生物滅絕的原因之一。

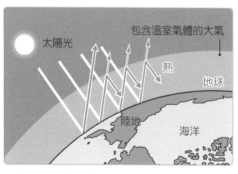

▲ 二氧化碳的溫室效應

P O I N T

○ 根據科學家研判，大氣中的二氧化碳濃度上升是造成地球暖化的原因。

顯微鏡的使用方法

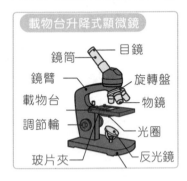

載物台升降式顯微鏡

- 鏡筒
- 目鏡
- 鏡臂
- 旋轉盤
- 載物台
- 物鏡
- 調節輪
- 光圈
- 玻片夾
- 反光鏡

❶ 調節反光鏡與光圈，讓視野明亮。

❷ 將玻片標本放到載物台上。

❸ 調近玻片標本與物鏡的距離。

❹ 扭轉調節輪，一邊將目鏡調開、一邊對焦。

 公式 ▶ 顯微鏡的倍率＝目鏡的倍率 × 物鏡的倍率

花 的 構 造

被子植物

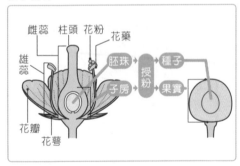

- 雌蕊　柱頭　花粉　花藥
- 雄蕊
- 胚珠 → 授粉 → 種子
- 子房 → 授粉 → 果實
- 花瓣
- 花萼

○ 花由花萼、花瓣、雄蕊、雌蕊四個部分組成。

被子植物的胚珠受到子房包裹著喔。

靈光一閃！

守護胚珠要做到「鋪天蓋地」的意思呀！

……到底有沒有在聽我說明呀！

裸子植物

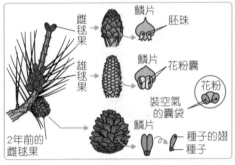

- 雌毬果　鱗片　胚珠
- 雄毬果　鱗片　花粉囊　花粉　裝空氣的囊袋
- 2年前的雌毬果　鱗片　種子的翅　種子

○ 有雄毬果與雌毬果的分別。雌毬果內有裸露的胚珠。

植物的分類

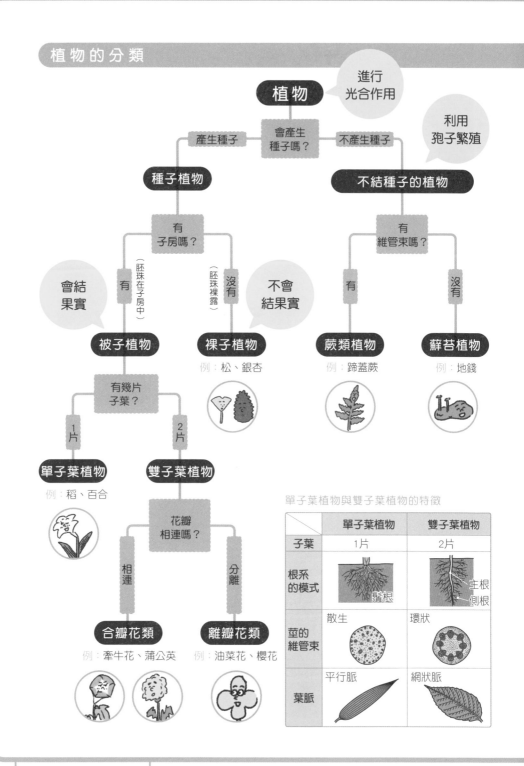

植物 進行光合作用

會產生種子嗎？

產生種子 → 種子植物
不產生種子 → 不結種子的植物
利用孢子繁殖

種子植物

有子房嗎？

有（胚珠在子房中）
沒有（胚珠裸露）

會結果實
不會結果實

被子植物

有幾片子葉？

1片 → 單子葉植物
例：稻、百合

2片 → 雙子葉植物

裸子植物
例：松、銀杏

不結種子的植物

有維管束嗎？

有 → 蕨類植物
例：蹄蓋蕨

沒有 → 蘚苔植物
例：地錢

花瓣相連嗎？

相連 → 合瓣花類
例：牽牛花、蒲公英

分離 → 離瓣花類
例：油菜花、櫻花

單子葉植物與雙子葉植物的特徵

	單子葉植物	雙子葉植物
子葉	1片	2片
根系的模式	鬚根	主根　側根
莖的維管束	散生	環狀
葉脈	平行脈	網狀脈

這一章要學習包含我們人類在內的動物身體構造與功能，以及認識各種動物的分類喔！

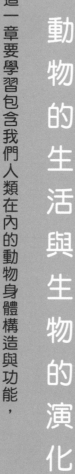

感覺器官

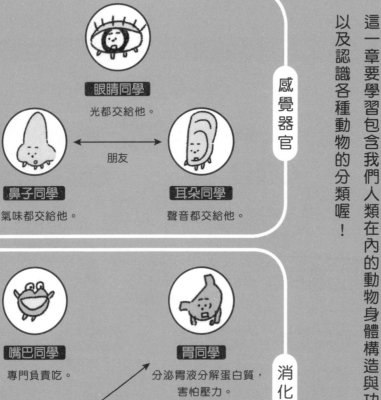

眼睛同學
光都交給他。

鼻子同學
氣味都交給他。

←→ 朋友

耳朵同學
聲音都交給他。

消化器官

嘴巴同學
專門負責吃。

胃同學
分泌胃液分解蛋白質，害怕壓力。

朋友

肝臟同學
害怕大量的酒精。

大腸同學
喜歡按摩。

血球

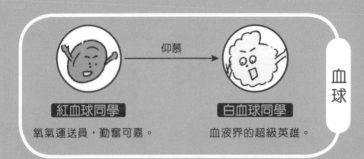

仰慕

紅血球同學
氧氣運送員，勤奮可嘉。

白血球同學
血液界的超級英雄。

細胞的構造

來整理一下植物細胞與動物細胞的差異點吧。

● **共通點**

　　細胞核：染劑容易上色的部分。

　　細胞膜：包覆細胞外圍的部分。

● **植物細胞特有的構造**

　　葉綠體：進行光合作用的部分。

　　細胞壁：在細胞膜外側的堅硬構造。

　　大液胞：充滿液體的囊袋。

此外，細胞核與細胞壁以外的部分統稱為**細胞質**。

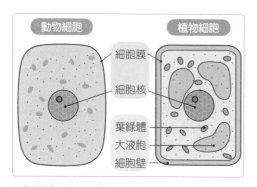

▲ 動物細胞與植物細胞

ＰＯＩＮＴ

○ 細胞核與細胞膜是在動物與植物的細胞中都看得到的構造。

同中有異

動物細胞同學　植物細胞同學

綠＝葉綠體
壁＝細胞壁
液＝大液胞

單細胞生物與多細胞生物

兩位阿米巴原蟲都是單細胞生物，所以那些內容根本都是事實。

像阿米巴原蟲那樣，身體只由單一細胞組成的生物稱為**單細胞生物**。單細胞生物全靠一個細胞執行吸收養分、排泄廢物等所有的身體機能。

相對於這一點，身體由許多細胞組成的生物稱為**多細胞生物**，多細胞生物由形狀或機能相同的細胞組合成組織，由數個組織組合成一個有功能的器官。我們人類也是多細胞生物。

POINT

○ 生物可分為單細胞生物與多細胞生物。

阿米巴原蟲們不知道為了什麼事情吵得不可開交……

笨單細胞、笨單細胞。

你自己也是單細胞！

明明就只有一個細胞核。

你還不是一樣。

運動

還有消化

都在同一個細胞。

啊啊！

說了老半天，

這些都是事實呀！

消化與吸收

狼吞虎嚥難怪會消化不良，吃飯還是要細嚼慢嚥的好呀！

食物從嘴巴開始吃進去，通過食道→胃→小腸→大腸，最後抵達肛門——這一條管道稱為**消化道**。消化道會分泌各種**消化液**，以分解營養。

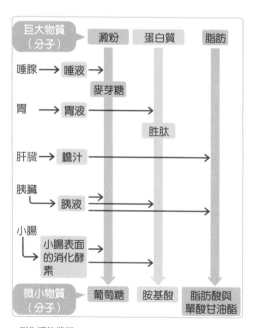

▲消化液的機能

ＰＯＩＮＴ

○ 養分由小腸吸收。

小心吃太撐

我負責消化澱粉、脂肪或蛋白質。

肝臟同學
大腸同學 扒扒扒
胃同學 嚼嚼嚼

我必須把這些營養分解成體內容易吸收的物質。

這樣呀。

吞嚥～狼虎～
嚼嚼嚼

嗚啊！

你沒事吧？

我腸有事！

我應該是沒事吧……

還會鋪梗，

消化酵素

在消化液中的**消化酵素**的作用下，澱粉會被分解為葡萄糖，蛋白質會被分解為胺基酸，然後由小腸的**絨毛**吸收到**微血管**中。

脂肪會被分解為脂肪酸與甘油，在絨毛內轉變為脂肪，而後進入淋巴管中。

小腸利用皺褶與絨毛擴增表面積，提高營養吸收的效率。

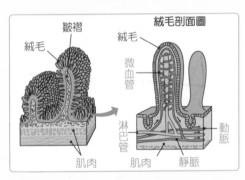

▲絨毛

ⓟⓞⓘⓝⓣ

- 葡萄糖與胺基酸
  → 進入微血管
- 脂肪酸與甘油
  → 變成脂肪進入淋巴管

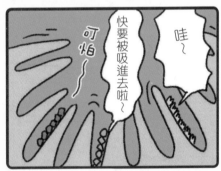

各種血液細胞的功能

紅血球同學終於回想起自己的任務了，大家都擁有各自的重要任務呢！

血液含有固體成分：**紅血球**、**白血球**、**血小板**，以及液體成分：**血漿**。

白血球能捕捉並分解侵入體內的細菌，具有抵禦疾病的功效。

紅血球含有稱為血紅素的紅色素，能透過血液循環將肺吸收的氧氣輸送到全身。

血小板的機能是在出血時協助血液凝固。

POINT

- 血紅素會在氧氣多的地方與氧氣結合；在氧氣少的地方釋放氧氣。

血液環狀線

循環的血液

輸送從心臟流出血液的血管稱為**動脈**；輸送血液流回心臟的血管稱為**靜脈**。

流出心臟的血液在肺泡交換氧氣與二氧化碳，然後再回到心臟的迴路稱為**肺循環**。結束肺循環的血液從心臟開始巡迴肺以外的全身後，再回到心臟的迴路則稱為**體循環**。

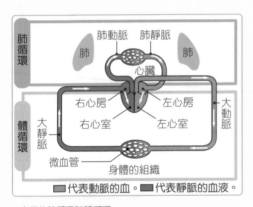

▲ 人類的肺循環與體循環

肺循環　肺　肺動脈　肺靜脈　肺　心臟

右心房　左心房　大動脈
右心室　左心室

體循環　大靜脈　微血管　身體的組織

■代表動脈的血。　■代表靜脈的血液。

ⓅⓄⒾⓃⓉ

- 動脈→輸送從心臟流出血液的血管
- 靜脈→輸送從心臟流回血液的血管

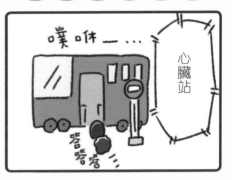

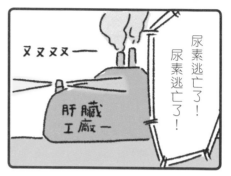

尿素大逃亡

在尿液形成以前……

血液中的尿素等廢棄物質由**腎臟**過濾後，會以**尿**的形式被排出體外。與其說它是逃亡，不如說是被放逐來得貼切。

血漿從微血管滲透出來，變成浸潤細胞的液體則稱為**組織液**。細胞排出的二氧化碳等廢棄物質首先會溶解在組織液中，接著進入血液中，然後被輸送到肺臟、腎臟等與排放廢物有關的器官。

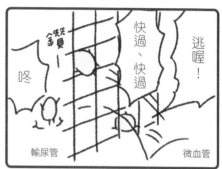

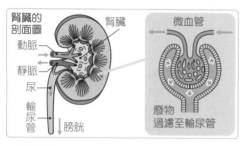

▲腎臟的構造

POINT

◦ 有害的氨在肝臟被轉化成尿素，在腎臟中被過濾至尿液中。

神 經 的 種 類

思想欠周到的人常被說成是腦袋「少根筋」的人,可是狐狸同學確確實實是有神經的喔。

活動身體的時候,腦或脊髓會對肌肉傳遞訊號。這時負責傳遞訊號的神經就稱為**運動神經**。

在另一方面,負責將訊號由感覺器官傳送到腦或脊髓的神經就稱為**感覺神經**。

由外界發生的刺激會被轉變成訊號,透過感覺神經被傳遞到**中樞神經**。在中樞神經判斷、決定好的訊號會透過運動神經,傳遞到所需要的肌肉位置。

P O I N T

◦ 訊號傳入:
感覺器官→感覺神經→神經中樞
訊號傳出:
中樞神經→運動神經→肌肉

反應與反射的差別

確實，光的反射也是反射，不過那和這單元所要學習的反射是不一樣的。

在一般的**反應**中，刺激訊號會被傳遞到腦部，由腦部進行判斷。可是，假如是**反射**，訊號則是由感覺器官傳遞到脊髓，直接命令運動神經。

由於訊號並不經過腦部，所以反射是無意識、迅速發生的行動。

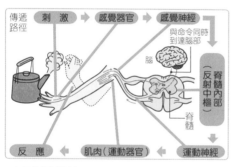

▲人類的反射機制

PÖINT

○反射：對於刺激所產生的非關意識的反應。

感覺器官

「巧克力好好吃啊！」當我們這麼覺得的時候，各個**感覺器官**又會有什麼感覺呢？

各個感覺器官只能接收特定刺激，像是眼睛會以下列途徑傳遞刺激。

①通過角膜、瞳孔的光受到水晶體折射後，在視網膜上形成影像。

②視網膜將光的刺激變成訊號，經由視神經傳送到腦部。

③大腦接收訊號，做出看到物體的判斷。

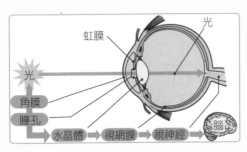

▲眼睛的構造

ⓅⓄⒾⓃⓉ

○ 耳朵是①鼓膜捕捉到聲音，產生震動，②傳遞到聽小骨→耳蝸管→聽神經→腦部。

脊椎動物的分類

毛毛蟲的身體也有毛覆蓋，是不是也能保暖，也是**恆溫動物**呢？

所謂恆溫動物，是體溫能夠維持恆定的動物，而在擁有脊椎骨的動物（**脊椎動物**）之中，也只有鳥類和哺乳類屬於恆溫動物。

相反的，當外界環境的溫度改變時，體溫也會隨之改變的動物稱為**變溫動物**。

另外，脊椎動物也可依據生產子代的方式作分類。像是魚類、兩生類、爬蟲類、鳥類都是以產卵方式產子，所以稱為**卵生動物**。而像我們哺乳類這樣，以母體孕育子代到達某種程度以後再產出子代的動物，則稱為**胎生動物**。

ⓅⓄⒾⓃⓉ

○擁有脊椎骨的脊椎動物：
魚類、兩生類、爬蟲類、鳥類、哺乳類。

毛絨絨的

沒有骨氣的動物

無脊椎動物的分類

獨角仙和章魚都屬於沒有脊椎的**無脊椎動物**。

昆蟲類、蝦子或螃蟹之類的**甲殼類**等動物統稱為**節肢動物**。節肢動物的身體外側有外骨骼覆蓋著，腳有分節。

章魚、烏賊或貝類屬於**軟體動物**。軟體動物的身體有外套膜包覆內臟，以及柔軟且沒有分節的腳。

無脊椎動物的種類眾多，除了前面所提到的以外，蚯蚓、水母、海膽等也都屬無脊椎動物。

POINT

○ 節肢動物與軟體動物等沒有脊椎的動物稱為無脊椎動物。

演化

那隻蜥蜴雖然如願升天了，但卻再也回不來了，自然界生存就是這麼殘酷呀！

生物歷經長時間而產生變化稱為**演化**。如同蜥蜴同學們在聊的，始祖鳥擁有爬蟲類與鳥類雙方的特徵。這種生物的化石等於為演化提供了證據。例如：脊椎動物的前肢等，雖然外觀或功能並不相同，但被研判在起源上是相同的身體部分稱為**同源器官**。同源器官也是演化的證據之一。

ＰＯＩＮＴ

○ 演化：生物經過長年的演變，
　逐漸分化為許多種類。

細胞的構造

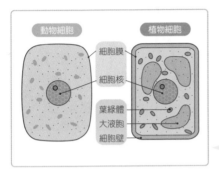

○ 構成生命的最小單位稱為細胞。

細胞核與細胞膜共同存在於動物與植物的細胞之中。

植物細胞的特徵是「綠色(葉綠體)的牆壁(細胞壁)內注有液體(大液胞)」。

維持生命的功能

消化液的功能

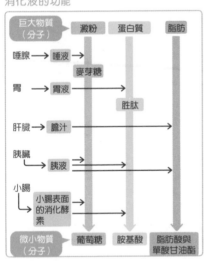

○ 養分會被消化液分解，變成體內容易吸收的物質。

血液的循環

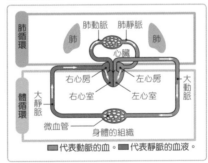

■代表動脈的血。■代表靜脈的血液。

○ 肺循環：心臟→肺→心臟。
體循環：心臟→肺以外的身體組織→心臟。

肺會將二氧化碳釋放出去，將氧氣吸收進來。

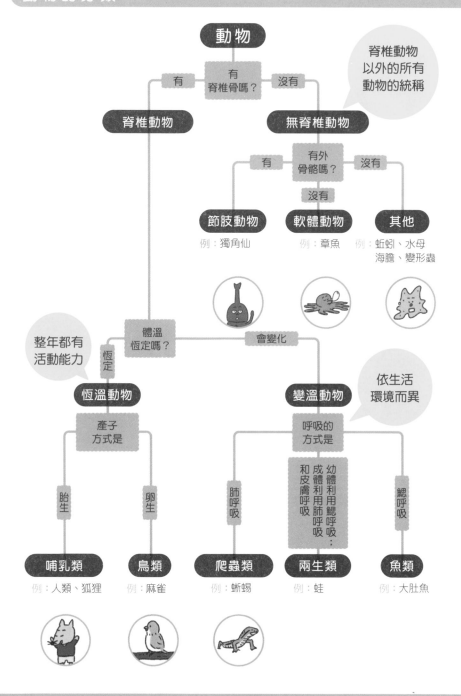

動物的分類

動物

有脊椎骨嗎？
有 → 脊椎動物
沒有 → 無脊椎動物

脊椎動物以外的所有動物的統稱

有外骨骼嗎？
有 → 節肢動物 （例：獨角仙）
沒有 → 軟體動物 （例：章魚）
沒有 → 其他 （例：蚯蚓、水母、海膽、變形蟲）

整年都有活動能力

體溫恆定嗎？
恆定 → 恆溫動物
會變化 → 變溫動物

依生活環境而異

恆溫動物
產子方式是
胎生 → 哺乳類 （例：人類、狐狸）
卵生 → 鳥類 （例：麻雀）

變溫動物
呼吸的方式是
肺呼吸 → 爬蟲類 （例：蜥蜴）
成體利用肺呼吸和皮膚呼吸；幼體利用鰓呼吸 → 兩生類 （例：蛙）
鰓呼吸 → 魚類 （例：大肚魚）

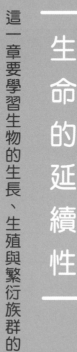

一　生　命　的　延　續　性　一

這一章要學習生物的生長、生殖與繁衍族群的機制，
以及延續生命時的遺傳規則喔！

植物

花生同學

美國出身，
奶油風味。

豌豆的
圓豆種子同學

光澤圓亮。

是誤會了嗎？

豌豆的
皺皮種子同學

新鮮，可惜皮皺皺的。

仔細一瞧後發現……　　　　　　仔細一瞧後發現……

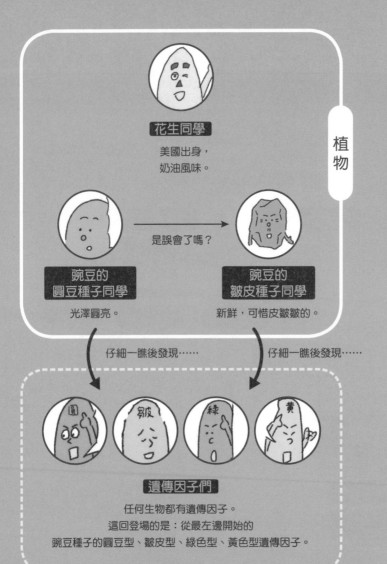

遺傳因子們

任何生物都有遺傳因子。
這回登場的是：從最左邊開始的
豌豆種子的圓豆型、皺皮型、綠色型、黃色型遺傳因子。

動物

？？？

似乎還在誕生的過程中。

水螅同學

經常自言自語。

生物的生長

洋洋得意的洋蔥同學竟然在幾天之內成長到令人驚訝的程度。我們在洋蔥的根部標上等距的記號即可發現，接近根尖的部分變長很多。

透過顯微鏡觀察洋蔥的根應可發現，接近根尖的細胞雖然比較小，數量卻很多。原因是該部位由一個細胞變兩個細胞的活動非常旺盛，也就是所謂的**細胞分裂**。

一分為二的細胞各自增加體積，變成了與原本差不多大的細胞。而這種現象一再重複的結果就成為整體的生長。

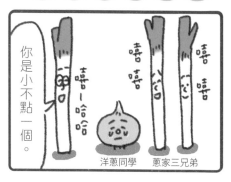

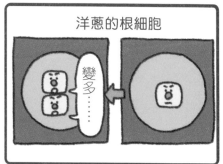

洋蔥的根細胞

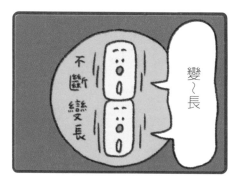

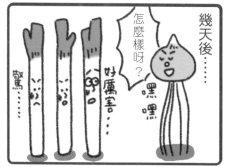

ＰＯＩＮＴ

○ 生物成長的機制
　1 發生細胞分裂。
　2 各個細胞各自長大。

染色體

染色體的名字聽起來或許有點隨便，但是還滿好記的。只不過，要是沒被染色，又會變成什麼名字呢？

體細胞分裂的時候：(1)染色體會被複製成兩倍的數量，(2)接著染色體分別往兩端移動，(3)然後細胞分裂為二個。

因此，在分裂前後，染色體的數量並無改變。

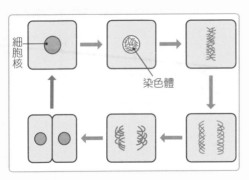

▲細胞分裂的情形

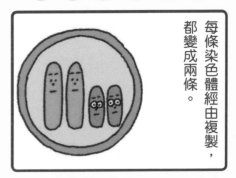

每條染色體經由複製，都變成兩條。

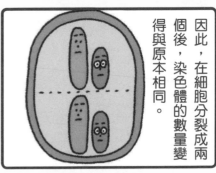

因此，在細胞分裂成兩個後，染色體的數量變得與原本相同。

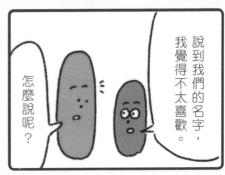

說到我們的名字，我覺得不太喜歡。

怎麼說呢？

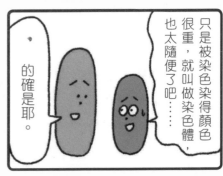

只是被染色染得顏色很重，就叫做染色體，也太隨便了吧⋯⋯

的確是耶。

POINT

○ 染色體的數量依生物的種類而有所不同。人類有46條染色體。

無性生殖

這種情況發生在人類身上，是不是很可怕呢？還好這是水螅的對話。像水螅這樣的繁殖方式稱為**出芽**，屬於**無性生殖**。

無性生殖與雌雄受精無關，而是藉由細胞分裂產生新的個體。草履蟲將細胞分裂為二（**分裂**），以及馬鈴薯長出幼芽（**營養生殖**）等都屬於無性生殖，都是生物體的一部分進行細胞分裂，產生新的個體。

例如：植物的扦插等，就是利用人工方式讓植物進行無性生殖的農業技術。

ⓟⓞⓘⓝⓣ

○ 無性生殖：不仰賴雌雄受精，而是由體細胞分裂產生新個體的繁殖方式。

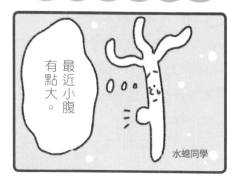

恐怖的小腹

減數分裂

減數分裂精彩完成！生殖細胞完成！真讓人感動呀！

卵子或精子等與生殖相關的生殖細胞形成的時候，會發生染色體數減半的**減數分裂**。

雖然減數分裂會將染色體的數量減半，但是因為雌、雄生殖細胞會結合形成受精卵，所以受精卵的染色體數量還會恢復原本的數量。

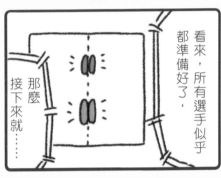

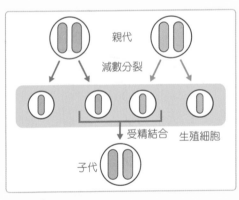

▲ 減數分裂的情形

POINT

○ 有性生殖：雄性與雌性生殖細胞受精結合，以繁衍子代的生殖方式。

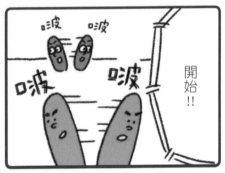

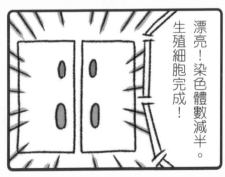

動物的胚胎發育

正確解答是**胚胎**。各位猜對了嗎？是不是太簡單了！

雄青蛙有睪丸，能製造精子；而雌青蛙的卵巢能製造卵子。這兩種生殖細胞受精結合，變成一個細胞，形成受精卵；接著開始分裂，成為胚胎。

胚胎的細胞進行分裂，逐漸長成至與親代相同形體的過程稱為**發育**。

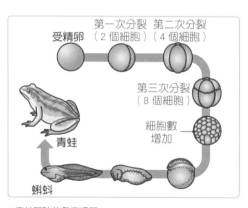

▲青蛙胚胎的發育過程

ⓅⓄⒾⓃⓉ

○ 胚胎：以動物來說，指子代發育到自己能取食之前的階段。

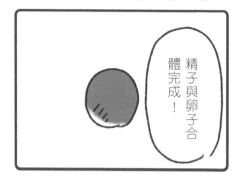

精子與卵子合體完成！

第二回分裂完成！

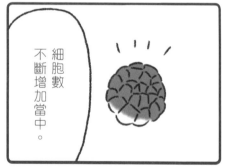

細胞數不斷增加當中。

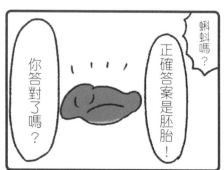

正確答案是胚胎！

蝌蚪嗎？

你答對了嗎？

王子救公主

植物的發育

以被子植物為例：(1)雄蕊的花藥內部會製造花粉，花粉中有**精細胞**形成；(2)花粉附著在雌蕊的柱頭上會延伸出**花粉管**；(3)精細胞透過這條管子抵達胚珠，與卵細胞的細胞核結合（受精）；(4)受精卵進行細胞分裂，變成胚，整個胚珠變成種子。

了解到這裡，你應該已經知道，精細胞可是歷經重重的難關，才得以和卵細胞相會了呢！

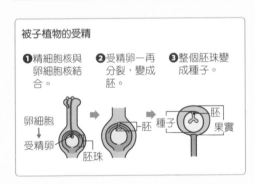

被子植物的受精

❶精細胞核與卵細胞核結合。　❷受精卵一再分裂，變成胚。　❸整個胚珠變成種子。

卵細胞→受精卵　胚珠　胚　種子　胚　果實

▲植物的發育

POINT

○ 跟動物一樣，植物的胚成長的過程也稱為發育。

純品系

出身**純品系**的圓形豌豆同學初次見到皺皮的種子，似乎發生了一些誤會。

例如：種子是圓形的或皺皮等，構成生物特徵的形狀或性質稱為**性狀**。而種子是圓形或皺皮的性狀不會同時顯現在同一個體上，所以它們互為**對偶性狀**。

純品系的豌豆是因為代代都是自花授粉，基因組合沒有變化，所以所有性狀都與親代相同，像是基因（AA）與（AA）相乘，就只會出現（AA）這一種組合。

POINT
○ 純品系是指基因的組合不會變化的個體。

碗豆族譜

起床吧！

哦，所有種子都是圓的！

↑圓形種子同學

這倒不一定喔！

咦？

你們家剛好代代都是圓形種子，而且是純系的圓形種子罷了。

有皺紋？

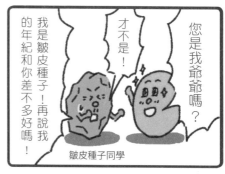

您是我爺爺嗎？

才不是！

我是皺皮種子！再說我的年紀和你差不多好嗎！

皺皮種子同學

遺傳的機制

下圖是將互為對偶性狀的純品系基因互相配對的模型。原本成對的遺傳因子分別進入不同的生殖細胞。結果，第一子代全數變成圓形的種子。到了第二子代，圓形：皺皮的性狀比例變成了3：1。

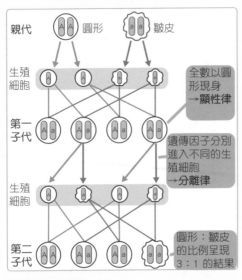

▲遺傳機制的模型圖

親代　　圓形　　皺皮

生殖細胞　　全數以圓形現身
　　　　　　→顯性律

第一子代

生殖細胞　　遺傳因子分別進入不同的生殖細胞
　　　　　　→分離律

第二子代　　圓形：皺皮的比例呈現3：1的結果

ⓅⓄⒾⓃⓉ

◦分離律：原本成對的遺傳因子分別進入不同的生殖細胞。

種子一定要圓形才好！

現在流行的是皺皮種子呢！

喔！你太老派了。

皺皮形式的遺傳因子↑　　↑圓形的遺傳因子

就在這時……

子葉要綠色的！

不，要黃色的！

黃色的遺傳因子　　綠色的遺傳因子

雞同鴨講，沒辦法溝通！

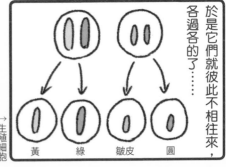

於是它們就彼此不相往來，各過各的了……

→生殖細胞

黃　　綠　　皺皮　　圓

顯性與隱性

圓形豌豆同學向言語不通的對象解釋遺傳規則而吃盡苦頭，到最後還是雞同鴨講，完全溝通不了。

我們回想一下右頁的學習內容。

純品系的圓形種子與皺皮種子配對在一起以後，子代全部都是圓形種子。這意味著，個體只要擁有一個顯現圓形性狀的遺傳因子，就會成為圓形的種子。

因此，圓形種子的性狀屬於**顯性**，皺皮種子的性狀屬於**隱性**。

不過，顯性性狀的「顯性」並不代表必定優於另一種性狀。

ＰＯＩＮＴ
- 當個體擁有相對偶的兩種性狀時：
  表現出來的一方→顯性性狀
  不表現的一方→隱性性狀

異國對話

同時擁有互為對偶性狀的兩種基因時，會顯現出來的性狀稱為顯性。

圓形豌豆種子同學

What do you say?

我不是講英文啦！

鮮性？

↑花生先生

還有，不表現的性狀稱為隱性。

Oh!

OK! Let's say!

這是要怎麼聊下去呀…

細胞分裂

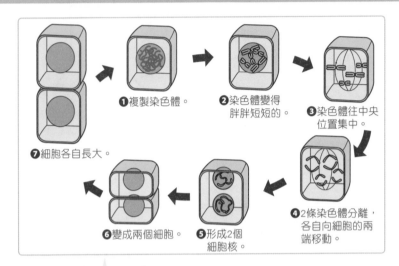

❶複製染色體。

❷染色體變得胖胖短短的。

❸染色體往中央位置集中。

❹2條染色體分離，各自向細胞的兩端移動。

❺形成2個細胞核。

❻變成兩個細胞。

❼細胞各自長大。

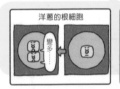

洋蔥的根細胞

變多⋯⋯

不斷變現

變〜長

分裂後的細胞各自長大，使生物的身體長大了。

減數分裂

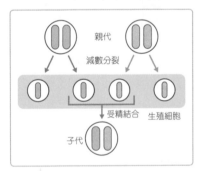

親代

減數分裂

受精結合 生殖細胞

子代

○ 生殖細胞形成時，染色體的數量會變成體細胞的一半
→ 減數分裂

以動物來說，發生於卵或精子；而植物則發生於卵細胞或精細胞形成的時候。

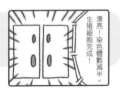

漂亮！染色體數減半。生殖細胞完成！

生物的繁殖方式

青蛙胚胎的發育過程

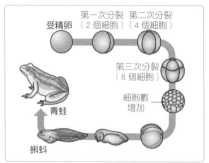

卵與精子→受精卵

在卵裂時，細胞的數量會增加，但是個別細胞的體積卻會變小。

植物的有性生殖

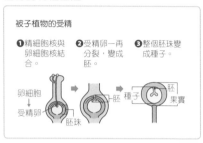

卵細胞與精細胞→受精卵

相對於有性生殖，無關雄性或雌性的生殖方式稱為無性生殖。

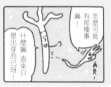

遺傳的機制

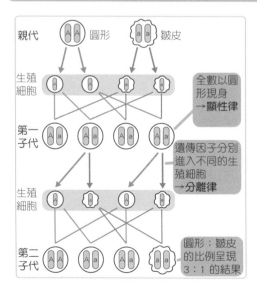

  分離律

減數分裂時，成對的染色體分別進入不同的生殖細胞中。

  顯性律

當顯性與隱性兩種遺傳性狀並存時，只有顯性性狀會表現出來。

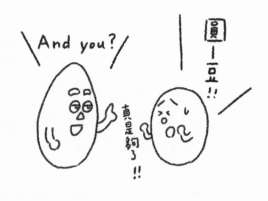

2

化學篇

一生活周遭的物質一

這一章要學習生活周遭各種物質的性質，並且透過用物質的性質，學習物質種類的區分方法喔！

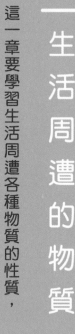

金屬

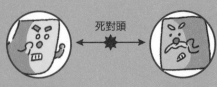

死對頭

鐵同學
絕不讓出「最熱心助人的金屬」的寶座。

金爺爺
驕傲滿滿的傢伙，畢竟是金呀！

氣體

不溶於水

氧同學
戴著圓框眼鏡，造型迷人。

氬同學
嘴型很引人注目。

溶於水

二氧化碳同學
勇氣十足，卻老是冒冒失失的。

感情好
4人組

氨氣同學
老是為了面容讓人覺得恐怖之類的事情而煩惱。

實驗器具

本生燈同學
據說火焰顏色改變，性格也會隨著改變……？

量筒同學
擅長測量液體，必須從側面看它喔！

區分物質的種類

有機物質仙人奔跑著……

火速衝刺到著了火……

全身冒出二氧化碳和水……

於是變成了碳（幸好沒事！幸好沒事！）

像有機物質仙人那樣，燃燒時會釋放二氧化碳的物質稱為**有機物質**。相對的，食鹽、金屬等非有機物質的物質，則稱為**無機物質**。

有機物質 $\xrightarrow{\text{燃燒}}$ 二氧化碳（＋水）

請記起來喔！

生活周遭的塑膠製品也屬於有機物質，所以受熱會變成碳，燃燒時也會產生二氧化碳。

POINT

○ 凡是有機物質，燃燒時都會釋放二氧化碳。

金屬的榮耀

金屬與非金屬

燒杯同學呀……
玻璃製造的燒杯同學不是金屬。
那麼，金屬是什麼樣的物質呢？

> #### 金屬的共同性質
>
> ● 研磨後會散發特有的光澤（**金屬光澤**）。
>
> ● 被敲打會變薄且變寬（**展性**）。
> 拉扯會變細變長（**延性**）。

完全符合以上性質的物質就是金屬，例如：金、銀、銅、鋁……等。

不過，鐵同學（Fe）提出的「能吸附在磁鐵上」的特性，並不屬於金屬的共通性質。

POINT
○ 只有部分金屬能吸附在磁鐵上。

基本上，說到「金屬」，就要叫我第一名呀！

金爺爺

哪是！哪是！！能吸附在磁鐵上的我才是第一名！

鐵同學

在玩什麼呀？我也要加入！

吧滋 吧滋

↑燒杯同學

你又不是金屬！！

計算密度的方法

本單元的主題是：①密度因物質的種類而有所不同；②知道密度與體積，就能推算出質量。

物質每1cm³的質量稱為**密度**，可以透過以下公式計算得知。

計算密度的方法

$$密度(g/cm^3)=\frac{物質的質量(g)}{物質的體積(cm^3)}$$

另外，這道公式也能變化成：
質量＝密度×體積
而橡皮塞小子就是利用這道公式計算得知鐵子小妹的質量。

$7.87(g/cm^3)×2(cm^3)=15.74(g)$
└ 鐵的密度
真狡猾呀！

POINT

○ 同一種物質的密度是相同的。
○ 密度（g/cm³）＝質量÷體積

量筒的使用方法

量筒，是測量體的體積的器具。
首先量筒必須放置在水平、不會
凹凸不平的地方，再開始使用。
然後視線切齊液面，讀取刻度。
其實，量筒不僅能測量液體，也
能測量固體的體積。只要在裝有
液體的量筒內放入固體，就能透
過增加的體積得知所放入固體的
體積了。

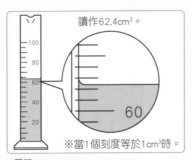

讀作62.4cm³。

※當1個刻度等於1cm³時。

▲量筒

是150cm³吧！

不

我看……有190cm³！

量筒同學↗

不！

200cm³？

唉呀～

吼，終於被我抓到了。

答對了！

量筒同學的水量猜謎遊戲

是180cm³吧！

耶～

ⓅⓄⒾⓃⓉ

○ 從側面水平的角度讀取刻度。
○ 讀到1個刻度的1／10的數值。

本生燈的使用方法

轉錯本生燈的調節環，真的是會讓人捏把冷汗啊！

首先，在使用本生燈前，必須先確認清楚它的兩個調節環功能。

在點火時，再依序打開以下開關。

❶總開關（有瓦斯閥的話也要打開）

❷瓦斯調節環——火焰的大小

❸空氣調節環——火焰的顏色

註：本生燈操作方式以實際型號為主，本方法僅供參考。

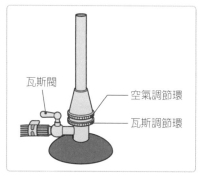

▲本生燈

瓦斯閥
空氣調節環
瓦斯調節環

POINT

○ 上環是空氣，下環是瓦斯

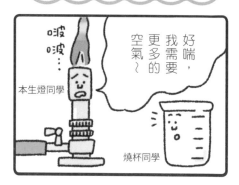

好喘，我需要更多的空氣～

啵啵…

本生燈同學

燒杯同學

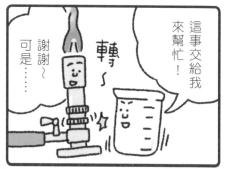

這事交給我來幫忙！

轉～

謝謝～可是……

誰說你可以轉下面！

轉轉轉轉轉轉轉轉

那這樣呢？

剛剛究竟是怎麼回事？

這樣剛剛好呢！

謝謝！

收集氣體的方法

二氧化碳同學比空氣還重，所以逃不出集氣瓶的瓶底。

我們可以依照氣體的性質設計收集氣體的方法。

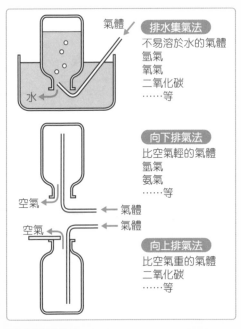

▲收集氣體的方法

排水集氣法
不易溶於水的氣體
氫氣
氧氣
二氧化碳
……等

向下排氣法
比空氣輕的氣體
氫氣
氨氣
……等

向上排氣法
比空氣重的氣體
二氧化碳
……等

POINT

○ 二氧化碳可以利用上方排氣法或排水集氣法收集獲得。

氣體的性質

氨氣同學入水以後竟然立刻消失蹤影，原來是它太容易溶於水了呀！

氫氣和氧氣並不容易溶於水；二氧化碳則是稍微容易一些。

	容不容易溶於水	重量比空氣重或輕	其他特性
氫氣	不易溶	非常輕	接觸到火會發出聲響，並隨即燃燒起來。
氧氣	不易溶	稍微重	具有幫助燃燒的效果。
氮氣	不易溶	稍微輕	約占空氣體積的78%。
氯氣	易溶	重	黃綠色，且帶刺鼻的臭味。
二氧化碳	稍易溶	重	能使石灰水混濁、變白。
氨氣	非常易溶	輕	水溶液呈鹼性，且帶刺鼻的臭味。

▲主要氣體的性質

ＰＯＩＮＴ

- 氧氣→具有幫助燃燒的效果。
- 氫氣→氣體本身會自燃。

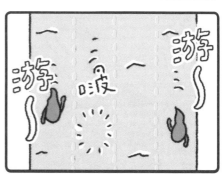

完美結局？

→鹽孫子

雖然你爺爺溶化了，但是還活在澡盆裡呦！

嗯

爺爺呀，今天孫子來看你了呦～

喀啦

噗通

滑

啊！

奶奶！

今後，你自己要好好的過生活呦！

這算是……完美結局嗎？

鹽爺爺的夢想

↓鹽奶奶

←鹽爺爺

好想泡熱水澡呀，就算一生只能一次也甘願。

喀答

嘿咻！

等等呀……

不行的啦！

噗通！

泡澡真養生呀……

糟了，爺爺溶掉啦！

濃度

故事的結局是：爺爺、奶奶通通溶化在澡盆裡了。

以砂糖水或食鹽水為例，溶解在水中的物質（砂糖、食鹽）稱為**溶質**，溶解物質的液體（水）稱為**溶劑**，整體合稱為**溶液**。

它們的關係可以表示成：

溶質＋溶劑＝溶液

砂糖水或食鹽水等以水作為溶劑的液體稱為水溶液。在水溶液中，任何位置的濃度都是一樣的，而且不會隨著時間經過而改變。

此外，我們以**重量百分濃度**來表示食鹽水溶解了多少比例的食鹽。

濃度的公式

$$重量百分濃度(\%) = \frac{溶質的質量(g)}{溶液的質量(g)} \times 100$$

$$= \frac{溶質的質量(g)}{溶質的質量(g) + 溶劑的質量(g)} \times 100$$

▲溶液、溶質、溶劑的關係

P O I N T

○請注意，分母的溶液是指「溶質＋溶劑」。

溶解度

躲到溫水裡的明礬忍者竟然隔天就被發現了。原來，當水溫下降，溶解不掉的明礬忍者的一部分（雖然這樣說聽起來還挺恐怖的）就變成結晶了。遺憾呀！

每100克的水所能溶解的溶質最大量，即最大限度稱為**溶解度**。

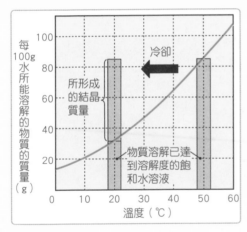

▲溶解度曲線
溶解度視物質或溫度而定。

↑明礬忍者　↑鹽忍者

ＰＯＩＮＴ

○ 大部分固體的溶解度會隨溫度升高而上升。

再 結 晶

原本躲得天衣無縫的鹽忍者，因為水被太陽的熱所蒸發，終究暴露了蹤跡。真遺憾呀！

想要取得已經溶於水的物質可利用再結晶方式，方法有以下兩種：

❶讓水溫下降

　　適用對象：明礬

❷讓水分蒸發

　　適用對象：食鹽

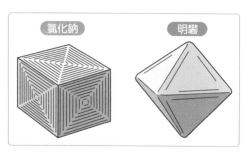

▲各種結晶形式

POINT

○即使水溫升高，食鹽的溶解度也不會有太大的變化。

水的形態變化

物質有三種形態。

固態：形狀或體積幾乎維持一定，沒有變化。粒子的排列有一定的規則，而且沒有間隙。

液態：形狀能自由變化，但是體積幾乎不變。粒子的間隔很寬，粒子能自由移動。

氣態：形狀能自由變化，體積也很容易改變。粒子的間隔非常寬，粒子能自由移動。

水能大幅改變形態，簡直判若兩人呀！

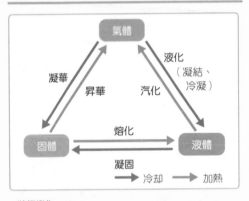

▲狀態變化

PｏｉＮＴ

○ 狀態變化並不會改變物質的性質，這一點要記得喔！

有時是堅硬、剛強的硬漢。

有時是能屈能伸的軟骨人。

有時又是能隱形的透明人。

謎底揭曉！答案是

水！

嘿嘿嘿

我很厲害吧！

沸點與熔點

從液體變成氣體的狀態變化分為
以下兩種。

蒸發：液體的表面變成氣體。

沸騰：液體的內部也變成氣體。

液體沸騰變成氣體的溫度稱為**沸
點**。

固體熔化變成液體的溫度稱為**熔
點**。

〈試管的戀愛小解說〉
「蒸發」一詞也被用來指人突然
行蹤不明。

POINT

○ 成分純粹的物質的沸點或熔點
都是固定的。（例如：水的沸
點是100℃，熔點是0℃。）

戀愛

我是不是愛上
那傢伙了？

石蕊酒吧

但是我好像加熱過
了頭，把那傢伙給
蒸發了。

太過火熱好像是你
的壞習慣啊。

上班族
試管們

你說的沒錯啊。

我看你就趁這時候
冷卻下來吧。

等等看吧。

嗯，還是
保持液態，

？

搖
搖

密度的公式

 公式

$$密度（g/cm^3）= \frac{物質的質量（g）}{物質的体積（cm^3）}$$

濃度的公式

 公式

$$重量百分濃度（\%）= \frac{溶質的質量（g）}{溶液的質量（g）} \times 100$$

$$溶質的質量＋溶劑的質量$$

氣體的性質

	氧氣	二氧化碳	氫氣	氮氣	氨氣
重量比空氣重或輕	稍微重	重	非常輕	稍微輕	輕
容不容易溶於水	不易溶	稍微溶	不易溶	不易溶	非常易溶
製備方法	二氧化錳加雙氧水。	石灰石加稀鹽酸。	鋅或鎂等金屬加稀鹽酸。		氯化銨（石鹵）混合氫氧化鈣（消石灰）後加熱。
收集方法	排水集氣法	排水集氣法 向上排氣法	排水集氣法	排水集氣法	向下集氣法
其他性質	具有幫助燃燒的效果。	能使石灰水混濁、變白。	著火會發出聲響，並隨即燃燒起來。	約占空氣體積的78%。	水溶液呈鹼性，且帶刺鼻的臭味。

氨氣非常容易溶於水；二氧化碳則是稍微溶於水。

狀態變化

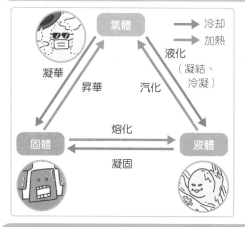

- 一般而言，從固態變成液態時，體積會增加。但是水例外，體積反而會減少。

物質的熔點與沸點

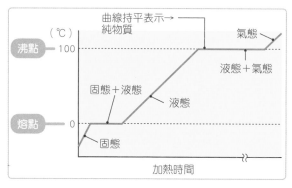

▲水加熱以後的溫度變化

- 沸點
物質沸騰，由液態→氣態時的溫度。

- 熔點
物質由固態→液體時的溫度。

溶解度與再結晶

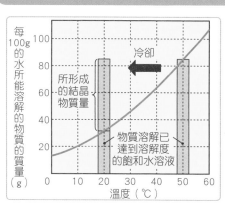

- 再結晶的方法
  ❶冷卻水溶液
  ❷蒸發水溶液

還記得嗎？當溶液的溫度下降以後，明礬就再結晶了。

一化學變化、原子與分子一

這一章我們要把物質細分到粒子的程度來思考，並且統整各種物質的化學變化喔！

會組成分子的物質

水分子同學

開朗。
總是神采煥發的模樣。

氨氣同學

氮與氫要好組成的團隊。
具刺激性臭味。

氧妹妹

心動就會
立刻行動的行動派。

不組成分子的物質

鈣同學

也存在大家的骨骼裡面喔！

氯化鈉同學

大伙合體變機器人。

一見鍾情 ♥

碳同學

受眾人喜愛的好青年。

喜歡 ♥

應該會喜歡，可是……

銅同學

溫文儒雅的療癒系，
好人型。

原子

原子同學減肥失敗了。

原子具有以下性質。

❶不能再細分成更小的單位*。

❷不會消失；不會新生；也不會變成其他種類。

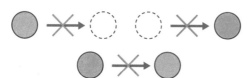

❸質量或大小都恆定不變。

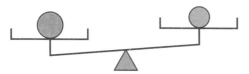

請注意，單純這個小小的粒子並不擁有物質的性質，例如：單一個氫原子並不擁有氫氣的性質。

---

*19世紀初，道耳頓提出原子說，認為原子不可分割。不過後來科學家發現原子是由質子、中子和電子組成。

ⓅⓄⒾⓃⓉ

◦物質是由原子組成。

好熱啊～

嗚～

嘿呦

嘿呦

砰砰砰砰

……

喀鏘

體重沒降……

原子同學

那是因為我們是原子。

分子

細分物質時，具備該物質的性質的最小粒子稱為**分子**。而「具備該物質的性質」這一點正是分子與原子的分別，例如：水必須要2個氫原子與1個氧原子結合，才能變成水。

不過，絕大多數金屬、碳，或金屬的化合物是一連串的原子相連而成，並不是組成分子。

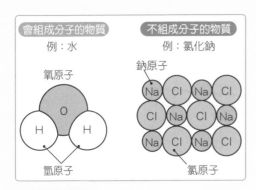

會組成分子的物質	不組成分子的物質
例：水	例：氯化鈉

▲各種物質的模型

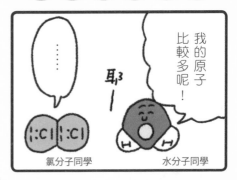

氯分子同學　　水分子同學

氯化鈉機器人

POINT

○ 分子：具備物質性質的最小單位。

化學式

氣態的氮或氫都沒有氣味，怎麼這些原子結合在一起就有那麼刺鼻的臭味……（哭）

化學式是使用原子的化學符號與數字，表示物質成立的式子。該物質由哪些以及多少原子組成的，只要一看它的化學式就知道了。

例如：NaCl（氯化鈉）或 NH_3（氨），就是由某幾種一定數量或比例的原子組合成一個單位；Mg（鎂）或Ca（鈣）就是不和其他種原子結合，只做個人秀的物質。

ⓅⓄⒾⓃⓉ

○ CO_2：因為有2個氧原子和一個碳，所以叫作二氧化碳。

你叫什麼名字？

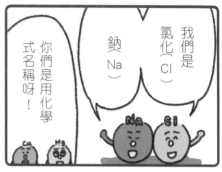

純物質與混合物

原來氫同學怕青蛙呀！

這一節在分類生活周遭的物質是純物質或混合物。

純物質，是指由單一種物質組成的物質，例如：水、氯化鈉、鐵、氧氣等。

相對的，**混合物**是指由數種物質組成的物質，例如：食鹽水、空氣、蠟、燒杯同學的玻璃等都是。（那麼，青蛙也是混合物嗎？）

ＰＯＩＮＴ

○ 純物質是指由單一種物質組成的物質，具有一定的性質。

元素與化合物

接著再來分類純物質。

元素，是指單一種原子組成的物質，因此無法再分解成其他的物質。

化合物，是指兩種以上的原子組成的物質，或是由化合物組成的物質。

無論是元素或化合物，都可能組成分子或不組成分子。

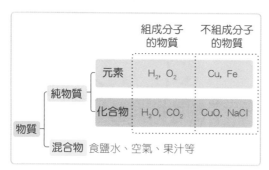

		組成分子的物質	不組成分子的物質
純物質	元素	H_2, O_2	Cu, Fe
	化合物	H_2O, CO_2	CuO, NaCl
物質	混合物	食鹽水、空氣、果汁等	

▲物質的分類

ＰＯＩＮＴ

○ 化合物由兩種以上的原子組成；混合物由兩種以上的物質組成。

這是什麼物質呢？

氧化與還原

銅同學與氧妹妹原本是恩愛的一對。後來帥帥的碳同學出現，把喜歡帥哥的氧妹妹給搶走了，剩下銅同學獨自孤單。

這個狀況可以用化學反應式表示如下：

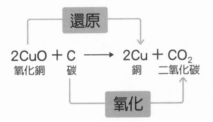

$$2CuO + C \longrightarrow 2Cu + CO_2$$

氧化銅　碳　　　銅　二氧化碳

氧化物的氧被搶奪的化學變化稱為**還原**。

物質與氧化合的化學變化稱為**氧化**。

 **POINT**

○ 還原與氧化一定同時發生。

銅同學　　　　氧妹妹

我們真恩愛～

是啊...

碳同學

哇～帥哥！

嗨！氧妹！

到哪去約會好呢？

欸　嗳

沙沙

氧妹妹後來愛上碳同學了呀！

嗚嗚...

他徹底被甩了。

質量守恆定律

一直享受火烤浴的鐵大哥，與一直在看書的鐵子小妹的體重竟然都增加了！這是為什麼呢？

原來，鐵先生、小姐都與氧化合了。所謂**化合**，是指兩種以上的物質結合在一起，變成另外一種新物質的化學變化。而化合所形成的物質（化合物）與化合前的物質，是性質完全不同的物質。

在化學變化前後，雖然原子的組合會有變化，但是所有的原子的種類與數量並不會變化。因此，**在化學變化前後，全體物質的質量並不改變。**

鐵子小妹

「火」烤浴是最棒的享受！

啵隆啵隆 Fe

怎麼變重了？

因為變熱了呀！

咦，

鐵大哥

時光流逝……

結果我一直都在看這本漫畫書。

天哪！我變重了！這違反質量守恆定律啦！

我看是體內生鏽的緣故吧！

POINT

○ 質量守恆定律：在化學變化前後，全體物質的質量並不改變。

碳酸氫鈉的熱解

PK賽中，氯化鈉同學只要再贏一球就能勝利收場。可惜，碳酸氫鈉同學受熱以後，會分解成碳酸鈉、二氧化碳與水。

$2NaHCO_3$
碳酸氫鈉

$\longrightarrow Na_2CO_3 + CO_2 + H_2O$
　　　　碳酸鈉　　二氧化碳　　水

分解，是指一種物質分解成兩種以上別種物質的化學變化，例如：**熱解**、**電解**等。

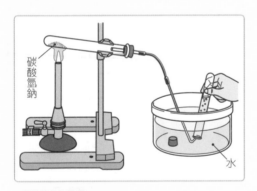

▲碳酸氫鈉的熱解

POINT
○ **熱解：物質因為受熱而分解。**

射門！

碳酸氫鈉同學

氯化鈉同學

太好了，再進一球，我就贏了！

暫停！

喔喔喔喔喔⋯⋯

好驚人的鬥志在燃燒！

分解！！

完成！

這樣太狡猾了啦！

哎波！

水同學　碳酸鈉同學　二氧化碳同學

放熱反應與吸熱反應

化學反應包含產生熱的反應與吸收熱的反應。

放熱反應，是指發生化學變化而釋放熱的反應，會使周遭的溫度升高。例如：鐵的氧化、鐵與硫磺化合、有機物燃燒，以及中和反應都是。

鐵＋氧 ⟶ 氧化鐵
　　　⬇
　　　熱

吸熱反應，是指發生化學變化，而吸收周遭的熱的反應，會使周遭的溫度下降。

氫氧化鋇＋氯化銨
⟶ 氯化鋇＋氨＋水
　⬆
　熱

其他吸熱反應，例如：碳酸氫鈉與檸檬酸的反應。

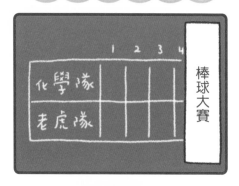

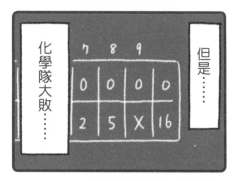

ⓅⓄⒾⓃⓉ

○ 放熱反應→產生熱
○ 吸熱反應→吸收周遭的熱

各種原子與化學符號

原子	化學符號	原子	化學符號	原子	化學符號
氫	H	硫	S	鐵	Fe
氧	O	鈉	Na	銅	Cu
碳	C	鎂	Mg	銀	Ag
氮	N	鈣	Ca	鋅	Zn
氯	Cl	鋁	Al	金	Au

物質的分類

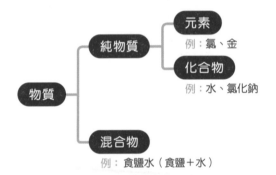

純物質 ── 元素
例：氯、金

化合物
例：水、氯化鈉

物質

混合物
例：食鹽水（食鹽＋水）

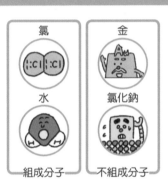

氯

金

水

氯化鈉

組成分子　不組成分子

氧化與還原

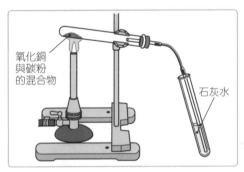

氧化銅與碳粉的混合物

石灰水

▲氧化銅的還原

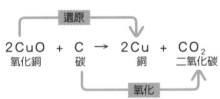

還原

$$2CuO + C \rightarrow 2Cu + CO_2$$

氧化銅　　碳　　　銅　　二氧化碳

氧化

氧化與還原同時發生。
離開銅同學的氧妹妹立刻與碳同學在一起了……。

化合物中物質的質量與比例

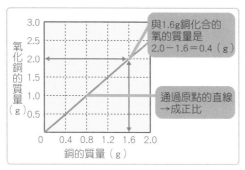

▲銅與氧化銅的質量

- 化合物的氧和金屬，兩者的質量比例固定不變。

$$銅 + 氧氣 → 氧化銅$$
$$1.6 : 0.4 : 2.0$$
$$質量比 = 4 : 1 : 5$$

 定律 ▶ 質量守恆定律

反應前的物質質量總和＝反應後的物質質量總和

分解

- 碳酸氫鈉的熱解

 反應 ▶
$$2NaHCO_3 → Na_2CO_3 + CO_2 + H_2O$$
碳酸氫鈉　　　碳酸鈉　　二氧化碳　　水

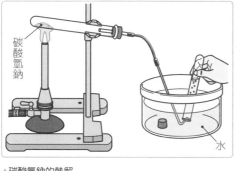

▲碳酸氫鈉的熱解

變熱的碳酸氫鈉同學的必殺技:分解成碳酸鈉同學、二氧化碳同學與水同學三人！

- 水的電解

反應 ▶
$$2H_2O → 2H_2 + O_2$$
水　　　氫氣　　氧氣

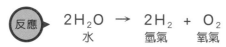

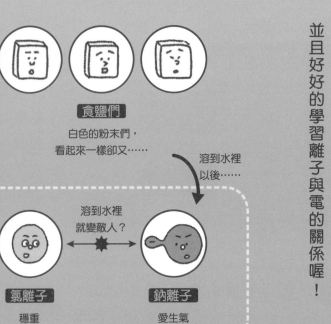

食鹽們

白色的粉末們，
看起來一樣卻又……

溶到水裡
以後……

溶到水裡
就變敵人？

氯離子

穩重

鈉離子

愛生氣

化學變化與離子

這一章要來思考水溶液中發生了什麼化學變化，

並且好好的學習離子與電的關係喔！

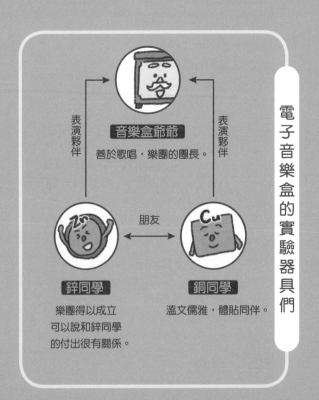

表演夥伴

表演夥伴

音樂盒爺爺

善於歌唱，樂團的團長。

鋅同學

樂團得以成立
可以說和鋅同學
的付出很有關係。

朋友

銅同學

溫文儒雅，體貼同伴。

電子音樂盒的實驗器具們

電解質與非電解質

食鹽水能導電。結果只有溶了砂糖的水無法導電。

電解質，是指溶於水時能導電的物質。電解質溶於水後會解離成陽離子（又稱為正離子）與陰離子（又稱為負離子）。

非電解質，是指溶於水後也無法導電的物質。非電解質溶於水後也不會解離，例如：砂糖、乙醇等。

P O I N T

- 溶於水以後，
  能導電→電解質
  不能導電→非電解質

誰是間諜

我叫你們集合不為別的，是因為你們這堆食鹽中有間諜滲透進來！

給我輪流跳進水裡！

騷 動一

OK、OK、OK

……咦!?

電流沒有辦法通過！這傢伙是砂糖！

是誰的指示？

電解室

哇～

你以為我這樣就會放過你了嗎？

原子的組成

氫同學！質子和電子不是日本女孩的名字啦！

原子核位於原子的中心，由**質子**和**中子**組成。質子是帶正電的粒子，原子的種類取決於質子的數量，而中子是不帶電的粒子。因此，整個原子核是帶正電的。

至於電子，是帶負電的粒子，位於原子核的周圍。

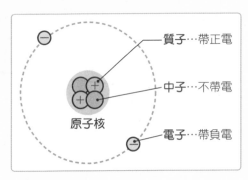

- **質子**…帶正電
- **中子**…不帶電

原子核

- **電子**…帶負電

▲以氦原子為例

P O I N T

○ 在一般狀態下，質子和電子的數量相等，所以以整個原子的角度來說，是不帶電的。

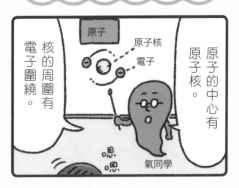

原子的中心有原子核。

原子核的周圍有電子圍繞。

原子

原子核

電子

嗯嗯

氧同學

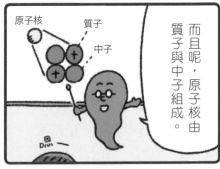

而且呢，原子核由質子與中子組成。

原子核

質子

中子

咽咽

請問！

什麼問題呢？

氫同學

有質子、有電子……怎麼都是女生呀？

沒有男生嗎？

那些不是日本女生的名字啦！

離子

大會司儀竟然在緊張的比賽開玩笑。不管那些了，我們來好好的學習一下有關離子的知識吧！

離子，是原子本身或原子周圍帶正電或負電的粒子。在一般狀態下，原子並不帶電。

正離子，是原子失去帶負電的電子而變成的帶正電的粒子，例如：氫離子（H^+）、銅離子（Cu^{2+}）、銨根離子（NH_4^+）等。

負離子，是原子或原子群接受了電子而變成帶負電的粒子，例如：氯離子（Cl^-）、氫氧根離子（OH^-）、硫酸根離子（SO_4^{2+}）等。

ⓟⓞⓘⓝⓣ

○ 原子失去電子
→ 正離子（帶正電）
原子接收電子
→ 負離子（帶負電）

賽跑

百米賽跑即將開始！

心跳加速

各就各位！

屏息一

預備く一……

暈倒一

氫離子！呵呵，開個玩笑嘛！

解離

氯化鈉（NaCl）溶解到水中以後，會在水溶液中分離成鈉離子（Na^+）與氯離子（Cl^-）。

$$NaCl \longrightarrow Na^+ + Cl^-$$

然後，搶奪電子大戰就此展開！

物質（電解質）溶解於水中以後，分離成陽離子與陰離子的現象稱為解離。**解離**的情形可用化學式與離子式表示（又稱為**解離式**）。

離子式是表示離子的方式，寫法是在化學符號的右上方標記所帶電荷的種類（＋或－）與數量（失去或獲得的電子數量；數量是1時省略不記）。

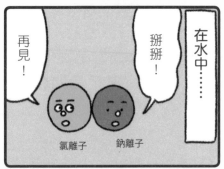

ＰＯＩＮＴ

◦ 解離：物質（電解質）溶解於水中以後，分離成陽離子與陰離子的現象。

電池

結果，鋅同學失去了2個電子，變成鋅離子，溶解在鹽酸中，沒辦法再來一首了呀！

$$Zn \longrightarrow Zn^{2+} + 2\ominus$$

像這樣，在電解質的水溶液中安排兩種金屬片，並用導線連接兩金屬片，利用金屬與金屬之間產生的電壓即可產生電流——這就是電池（化學電池）。

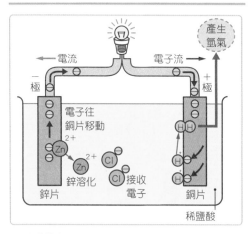

▲電池的構造

POINT

○ 金屬的組合會影響所產生的電壓，以及正、負極位於哪一端喔！

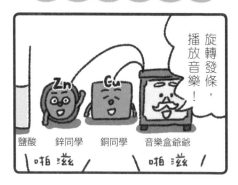

一次電池與充電電池

結局挺慘的。說真的，並沒有三次電池這種東西。

一次電池（原電池），是不能再次充電使用的電池：例如：鋅錳乾電池、鋰電池等。而**二次電池（蓄電池）**，是能重複充電、重複使用的電池，例如：鉛蓄電池、鋰離子電池等。

充電，是讓電流以與取用電流相反的方向流入電池，以恢復至原本的電壓。

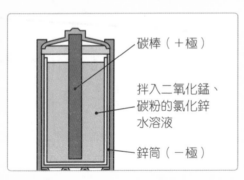

▲鋅錳乾電池

碳棒（＋極）

拌入二氧化錳、碳粉的氯化鋅水溶液

鋅筒（一極）

POINT
- 一次電池（原電池）→不能充電
  二次電池（蓄電池）→可以充電

三次！？

燃料電池

燃料電池最初應用是當作太空梭等太空載具的電源，是利用水電解的逆解過程製作而成的電池。

$$2H_2 + O_2 \longrightarrow 2H_2O$$

氫素　氧　↓　水

電力

氫氣、氧氣化合成水的化學變化能直接產出電力。發電效率高，使我們能有效使用電力。

這個化學反應只會產生水，不會產生有害物質，對環境影響很小。未來可望應用在電動車、大樓的緊急電源等方面。

POINT

○ 燃料電池的特徵
- 發電效率佳。
- 環保。

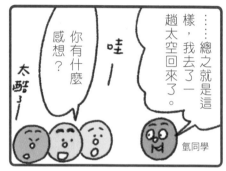

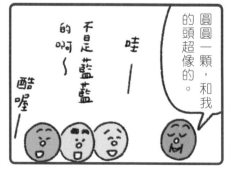

酸與鹼

原本紅色的試紙卻變成藍色啦！這是為什麼呢？紅色石蕊試紙變藍色的原因，是浸泡到肥皂水。而肥皂水是鹼性，所以會使紅色石蕊試紙變成藍色。

那麼，酸和鹼又是怎麼樣的性質呢？

酸的水溶液呈酸性，會使藍色石蕊試紙變成紅色，也會使溴瑞香草酚藍（BTB）溶液變成黃色。

鹼的水溶液呈鹼性，會使紅色石蕊試紙變成藍色，使溴瑞香草酚藍溶液變成藍色，也會使酚酞溶液變成紅色。

POINT

○ 酸性：
藍色石蕊試紙→紅色
鹼性：
紅色石蕊試紙→藍色

啦啦啦啦 ♪

紅色石蕊試紙同學

唉呦！

滑一跤

啪滋

是誰在這裡翻倒肥皂水啦？變色了……

變又色了……

pH（酸鹼值）

雖然氫同學的答案是不小心猜到的，我們還是來好好記一下pH值多少是酸性，多少是鹼性吧！

pH值（酸鹼值）是表示酸性或鹼性強度數值。pH值7代表中性。數值比7小時，數值越小代表酸性越強。數值比7大時，數值越大代表鹼性越強。

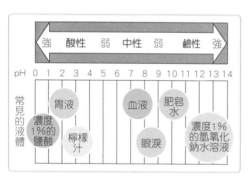

▲生活中各種液體的pH值

POINT

○ pH7代表中性。

酸性、鹼性究竟是？

這就來看看酸與鹼的定義，與幾個最具代表性的解離式吧！

酸，是溶於水以後會產生氫離子（H^+）的物質。它的水溶液呈酸性。

$$HCl \longrightarrow H^+ + Cl^-$$
鹽酸　　　氫離子　氯離子
（氯化氫）

$$H_2SO_4 \longrightarrow 2H^+ + SO_4^{2-}$$
硫酸　　　　　氫離子　硫酸根離子

鹼，是溶於水以後會產生氫氧根離子（OH^-）的物質。它的水溶液呈鹼性。

$$NaOH \longrightarrow Na^+ + OH^-$$
氫氧化鈉　　　鈉離子　氫氧根離子

$$KOH \longrightarrow K^+ + OH^-$$
硝酸鉀　　　鉀離子　氫氧根離子

ＰＯＩＮＴ
- 酸性水溶液
  →氫離子（H^+）
  鹼性水溶液
  →氫氧根離子（OH^-）

氫離子沒有「O」！

↑氧同學

「～酸」代表它是酸性的水溶液，而且含有大量的「氫離子」。

在另一方面，鹼性水溶液中含有大量的「氫氧根離子」喔！

氫離子就用這個口訣來記吧！

正（正離子）所謂，氫離子沒有喔（O）！

中 和

「鹽」和「鹽類」都有個鹽字，但意思不一樣喔！這就來了解它們的差異吧！

中和，是酸的水溶液與鹼的水溶液混合在一起時，酸的氫離子（H^+）與鹼的氫氧根離子（OH^-）結合而變成水的化學變化。

$$H^+ + OH^- \rightarrow H_2O$$

酸與鹼的性質互相抵消，並且發生放熱反應。

鹽類，是指中和時，酸的負離子與鹼的正離子結合形成的物質。而鹽是氯化鈉（$NaCl$），所以講的時候要多留意。

ＰＯＩＮＴ

○中和會產生水與鹽類。

原 子 的 構 造

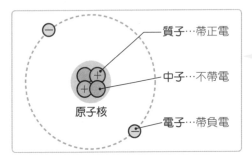

▲ 以氦原子為例

質子…帶正電

中子…不帶電

電子…帶負電

原子核

原子整體變成不帶電的狀態。

離 子 式

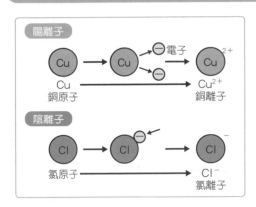

陽離子

Cu → Cu → Cu^{2+}

Cu
銅原子

電子

Cu^{2+}
銅離子

陰離子

Cl → Cl → Cl$^-$

氯原子

Cl$^-$
氯離子

○ 帶正電或負電的原子稱為離子。

○ 主要的陽離子
H^+、Na^+、Cu^{2+}、Zn^{2+}等。

○ 主要的陰離子
Cl^-、OH^-、$SO_4{}^{2-}$等。

電 池

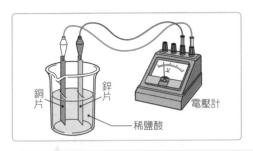

銅片　鋅片

稀鹽酸

電壓計

○ 負極
$Zn \rightarrow Zn^{2+} + 2\ominus$

○ 正極
$2H^+ + 2\ominus \rightarrow H_2$

鋅原子失去2個電子以後，會變成鋅離子而溶化在鹽酸中，所以鋅同學就變小了。

酸性與鹼性

	酸性	中性	鹼性
紅色石蕊試紙	無變化	無變化	藍色
藍色石蕊試紙	紅色	無變化	無變化
溴瑞香草酚藍（BTB）溶液	黃色	綠色	藍色
酚酞溶液	無變化	無變化	紅色
與鎂反應	產生氫氣	無變化	無變化
共同含有的離子	H^+	無	OH^-
是否能導電	能	視情況	能

食鹽水能導電；砂糖水不能導電。
部分中性水溶液能導電，部分無法導電。

中和與鹽類

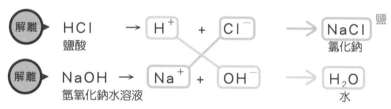

解離 ▶ HCl → H^+ + Cl^- → NaCl 鹽
鹽酸　　　　　　　　　　　　　氯化鈉

解離 ▶ NaOH → Na^+ + OH^- → H_2O
氫氧化鈉水溶液　　　　　　　　　　　水

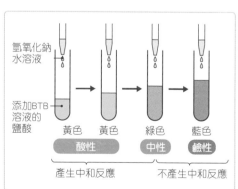

氫氧化鈉
水溶液

添加BTB
溶液的
鹽酸　　黃色　　黃色　　綠色　　藍色
　　　　　酸性　　　　　中性　　鹼性
　　　　產生中和反應　　　不產生中和反應

○ **中和反應結束以後，鹽類就不會再增加了。**

◀中和反應
酸與鹼的性質互相抵消。

3

物理篇

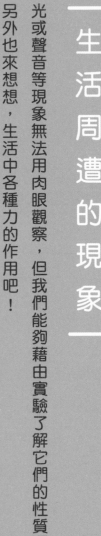

─生活周遭的現象─

光或聲音等現象無法用肉眼觀察，但我們能夠藉由實驗了解它們的性質喔！

另外也來想想，生活中各種力的作用吧！

光粒子們

將通過的光聚集在焦點

口號是：山豬式衝刺！
總是筆直的向前跑。

彎曲前進的方向

放大鏡校長

朝會時愛講很久，
晴天時的朝會
總是讓人感覺危險……

單弦琴

情緒起伏很大。

測量重量的實驗夥伴

上皿天平同學

黑白分明的個性。

↕ 朋友

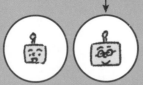

砝碼三兄弟

感情融洽，
嚴禁處觸碰！

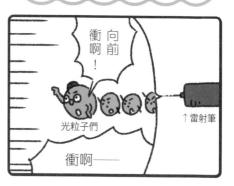

光的直進性

原本打算讓煙霧掩護著前進的光部隊，反而澈底暴露了光的行進軌跡。

燈泡、燭火、手機、雷射筆，以及太陽等自己會發光的物體稱為**光源**。從光源發出的光會筆直的前進，這稱為**光的直進性**。

觀察從雲間射出的太陽光，或汽車的頭燈等，都能幫助我們認識光的直進性。

眼睛被雷射光束射到的話，恐怕會有失明的危險，要特別留意喔！

POINT

○ 在透明且質地均一的地方，光會直線前進。

反射

光的反射

各位在家裡有嘗試過背對著遙控電視嗎？

從光源發出的光經由各個反射面的反射，進到了我們的眼中。在原本漆黑的房間中按下電燈的開關，然後我們就能「看見」東西，其實是燈具所發出的光被物品反射之後進入了我們的眼中。

入射角一定等於反射角（光的反射定律）。

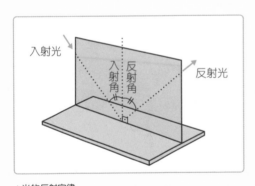

▲光的反射定律

POINT

○光的反射定律：
入射角＝反射角

光的折射

在交界面折射的光（**折射光**）與交界面的垂直線所形成的角稱為**折射角**。不知道怎麼記憶才好的同學不妨用「ㄟ」字形做聯想。不過要注意的是，垂直進入交界面的光並不會折射，而是會直線前進。

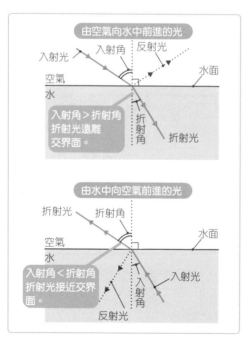

▲向別種物質前進的光

POINT

○ 光折射的軌跡類似「ㄟ」字形。

這是光折射的圖形，請記起來吧！

光的折射

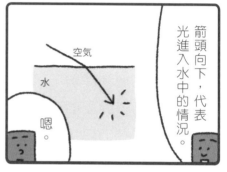

箭頭向下，代表光進入水中的情況。

空気
水
嗯。

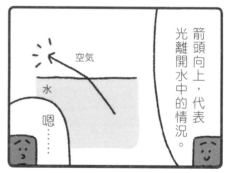

箭頭向上，代表光離開水中的情況。

空気
水
嗯……

說來說去，「ㄟ」字形嘛！

滑一跤

全反射與漫反射

當入射角超過一定的角度時，由水或玻璃進入空氣的光就會被交界面全部反射，而無法進入空氣中，這種現象稱為**全反射**。光粒子幾度嘗試以後終於得以進入空氣中，但接著似乎又遭到漫反射了。

漫反射（又稱為**漫射**），是光被凹凸不平的表面反射到四面八方去的現象。在這種情況下，只要單獨觀察某一點，光的反射定律依然是成立的。

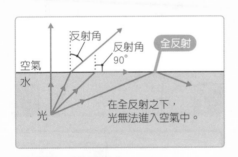

▲全反射時，光的行進方向

POINT
- 光無法進到空氣中的現象稱為全反射。

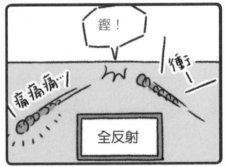

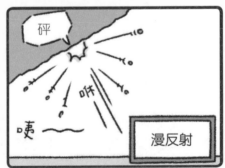

凸透鏡的作用

校長好像致詞了很久，太陽的位置都移動好一段距離了。

凸透鏡能將光聚集在焦點。與光軸平行的光通過凸透鏡折射以後會聚集在光軸上的一個點，這個點就稱為**焦點**。而凸透鏡的兩側各有一個焦點。

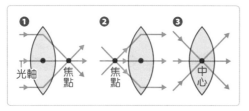

▲凸透鏡的性質
❶平行於光軸的光受到凸透鏡折射以後，會通過另一側的焦點。
❷穿過焦點以後，受到凸透鏡折射的光穿出凸透鏡，與光軸平行前進。
❸通過凸透鏡中心的光維持直線前進。

ＰＯＩＮＴ

o 光聚集的點稱為焦點。

危險的朝會

凸透鏡會聚而成的像

實像，是光通過凸透鏡以後會聚所成，能照映在屏幕上的像。必須注意的是，它是與原物體的上下、左右相反（**倒立**）的像。

虛像，是透過凸透鏡所看見的，落在與原物體相同的方向，且大於實物的像，無法映照在屏幕上。

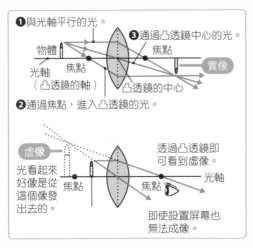

▲實像與虛像

ＰＯＩＮＴ

○ 物體在焦點上時無法成像。

聲音與光的速度

物體的振動接連振動了空氣或水，最後傳到耳朵，於是我們得以聽見聲音。聲音傳播的速度會因為振動了什麼而異，例如：聲音在空氣中大約是以1秒鐘340公尺，在水中大約是以1秒鐘1500公尺的速度傳播。

在真空狀態下，由於沒有振動的媒介，所以聲音沒有辦法傳播開來。

相對的，光速大約是1秒鐘30萬公里（太快啦！）。

POINT

○聲音在空氣中的速度大約是1秒鐘340公尺。

聲 音 的 性 質

單弦琴同學的弦被轉緊以後，就連氣勢也都高昂起來。假如我們也有這麼便利的發條該有多好呀！

聲音的性質視振幅與振動頻率而定。

振幅，是指物體從靜止狀態開始振動的振動幅度。振幅愈大，音量愈大。

振動頻率，是指物體每秒振動的次數。振動頻率愈高，音調愈高。以**赫茲（Hz）**為單位。

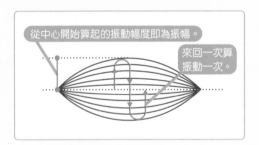

從中心開始算起的振動幅度即為振幅。

來回一次算振動一次。

▲弦的振動與振幅

ＰＯＩＮＴ

o 振幅→音量大小
振動頻率→音的高低

單弦琴同學，再不快一點可是會遲到的喔。

哦，真的耶～

那你幫我把發條轉緊一點。

↑試管同學

扭扭

扭扭

這樣好嗎？

精神振奮！

謝啦！

呀呼！得加快腳步才行！

音調和氣勢竟然瞬間高昂了起來……

各種力

燒杯同學落入陷阱了，之所以會落入陷阱，正是因為受到重力作用的緣故。雖然我們看不到，但是我們的生活周遭確實充斥著各種力。

重力：朝向地球，地球吸引物體的力。

正向力：物體與面接觸面所承受的，來自面的垂直方向的力。

摩擦力：物體在粗糙面被拖移時所承受的反方向作用力。

彈力：變形的物體企圖恢復原狀的力。

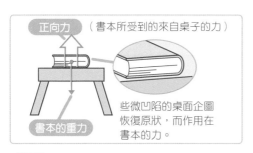

（書本所受到的來自桌子的力）

些微凹陷的桌面企圖恢復原狀，而作用在書本的力。

▲正向力

POINT

○ 當作用於物體的力達到平衡時，物體不會移動。

力的三項要素

指示牌的箭頭真叫人匪夷所思呀！而且箭頭的長度似乎也有意涵。

配合箭頭，把力的三項要素記起來吧！

力的三項要素

● 作用點……力的作用點以箭頭的原點表示。

● 力的方向……以箭頭的方向表示。

● 力的大小……以箭頭的長度表示。

🅟🅞🅘🅝🅣

○ 力有三要素，即：作用點、方向、大小。

沒完沒了的指示！

N（牛頓）

剛才接受完超人挑戰的燒杯同學，這回又收到重量級的挑戰……。加油呀，燒杯同學！

話說，作用在地球上所有物體的重力，是以N（牛頓）作為表示力的大小的單位。

1N大約等於作用在100g的物體上的重力。換句話說，3N大約等於作用在300g的重鎚的重力（說痛應該也是會痛的……）。

▲用繩子垂吊重鎚時，作用在重鎚的重力

POINT

○ 重力（重量）會因為場所而異，但質量在任何地方皆相同。

定律的極限

虎克定律

砝碼三兄弟的砝碼大哥似乎知道虎克定律。

> #### 虎克定律
>
> 彈簧延伸的長度與所承受的力量成正比。

當彈簧所垂吊的重鎚質量變成原來的2倍時，彈簧延伸的長度也會變成原來的2倍。

然而一旦彈簧斷裂，虎克定律即不成立。

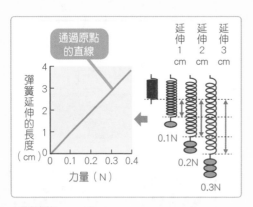

▲虎克定律

> **POINT**
>
> ○ 虎克定律：彈簧延伸的長度與所承受的力量成正比。

壓力

漏斗公主說的沒錯，在施力相同的情況下，接觸面積愈小，所形成的壓力愈大。

所謂**壓力**，是指垂直施加於每 1 m²面積的力，單位是**帕斯卡（簡稱帕，Pa）**。在 1 m²上施加1N的力所形成的壓力即為1 Pa。

計算壓力的公式

$$壓力(Pa) \atop (N/m^2) = \frac{垂直施加於面的力(N)}{力作用的面積(m^2)}$$

根據以上公式，這裡的分子必須填入燒杯同學施加的力，分母則須填入武器的接觸面積。當攻擊的方式從用拳頭攻擊改成用針刺擊時，由於攻擊的面積變小，所以在計算上，壓力的數值就會被放大到非常的大。不過，這是拿針刺與拳擊比的情況喔。

P O I N T

○ 壓力（Pa）＝
（N/m²）

垂直施加於面的力（N）
力作用的面積（m²）

燒杯法師呀，你那麼弱，是敵不過魔鬼的。

你還真坦白啊……

燒杯法師

漏斗公主

所以我來傳授你這招吧！針劍！

珠針？

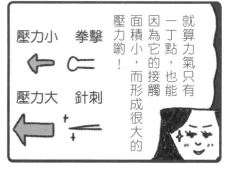

就算力氣只有一丁點，也能因為它的接觸面積小，而形成很大的壓力喲！

壓力小　拳擊

壓力大　針刺

一旦遇上驅魔場合……

咦，怎麼癢癢的。

咿咻！咿咻！

這……真的管用嗎？

聲 音 的 波 形

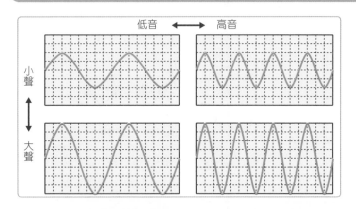

○ 振動的頻率越高→音調越高

○ 振幅越大→音量越大

虎 克 定 律

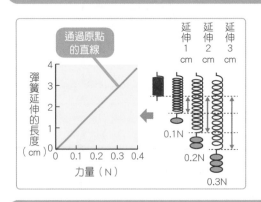

定律　虎克定律

彈簧延伸的長度與所承受的力量成正比。

壓 力

公式　$壓力(Pa) = \dfrac{垂直施加於面的力(N)}{力作用的面積(m^2)}$
$_{(N/m^2)}$

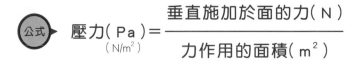

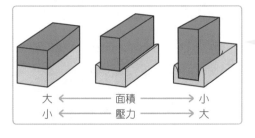

接觸面積越小，海綿凹陷的程度越大。就像漏斗公主說的那一樣呢！

就算力氣只有一丁點，也能因為它的接觸面積小，而形成很大的壓力啊！

壓力小　拳擊

壓力大　針刺

光 的 折 射

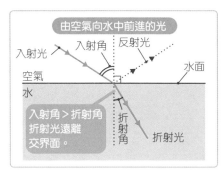

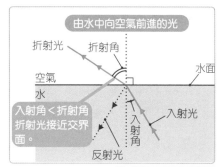

光折射的軌跡類似「ヘ」字形。只要箭頭的方向
改變,入射角與折射角的關係也會隨著改變!

凸透鏡的成像

物體的位置	成像	方向	大小	成像位置
大於2倍焦距的位置	實像	倒立	小於實物	焦點與2倍焦距之間
2倍焦距的位置	實像	倒立	與實物相同	2倍焦距的位置
2倍焦距與焦點之間	實像	倒立	大於實物	大於2倍焦距的位置
焦點上	無法成像			
小於焦點	虛像	正立	大於實物	無法映照在屏幕上

電使我們的生活變得便利！
利用實驗來認識電的廬山真面目，以及電的性質吧！

連接電路的實驗器具

電源

 ← 愛慕

電源裝置同學
風雲人物。有她在就安心。
地位如同大姐姐。

鹼性乾電池同學
博學多聞。

電阻

小燈泡寶寶
奶嘴不離口。
易碎，必須小心呵護。

電阻器同學
時髦的墨鏡造型。
當然，在室內也堅持
墨鏡造型。

 ↓ 崇拜

發光二極體兄弟
所謂的LED燈其實就是我們。

檢流計同學
了解電流的流向。
活躍於電磁實驗界。

幫忙測量磁場
產生的電流

長條磁鐵同學
互相吸引，也互相排斥的哥倆好。紅色端是N極。

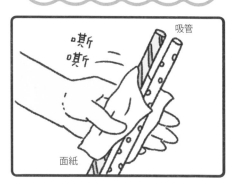

情敵

靜 電

相異的兩種物質互相摩擦以後，該物質就會攜帶電荷，稱為**靜電**。電荷分為正電荷（＋）與負電荷（－）。同性電荷會互相排斥；異性電荷會互相吸引。

面紙同學帶正電荷，吸管同學帶負電荷，他們之間就類似磁鐵的N極與S極的關係。另外，物體殘留靜電，帶著電的現象稱為**帶電**。

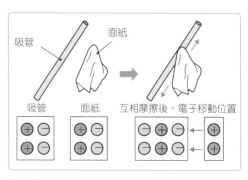

▲帶電

異性相吸

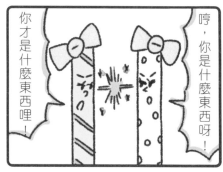

同性相斥

ＰＯＩＮＴ

○同性電互相排斥；異性電互相吸引。

放電現象

在冬天，在氣候乾燥的時期，可能開個車門就被靜電啪嘰一聲的電到了，你有過這個經驗嗎？

我們被電的那一剎那其實是原本累積在車門把的電，在我們要去觸摸車門把前瞬間在空氣中移動——也就是發生了所謂的**放電**現象。而打雷也是發生在帶電的積雨雲與地面之間的放電現象。

圖中那些頭頂著－符號的是**電子**們。電子是帶負電的微小粒子。而這些電子的流動就是電流的盧山真面目。不過，電流的方向與電子流動的方向相反！請特別注意喔！

❶❿❶❶❶❶

○ 無處可去的電子會在空氣中放電。

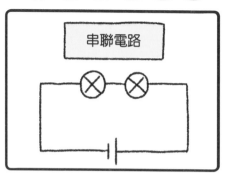

串聯電路

電路

玩笑歸玩笑，現在說正經的，串聯電路與並聯電路是電路連接方式中基本的基本，一定要好好記住喔！

電路（電的迴路），就是供電流流通的迴路。

串聯電路，是電流的通路只有一條的連接方法。

並聯電路，是電流的通路有兩條以上的分支的連接方法。

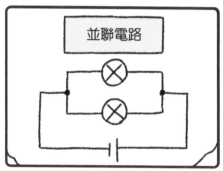

並聯電路

好像還有爆裂電路、猛烈電路的樣子呵～

在串聯電路上加入並聯電路的話……

嗯……

鹼性乾電池同學

→小燈泡寶寶

做成歐姆蛋電路，你們覺得勒？

電流過得去嗎？

暈倒一

Ⓟⓞⓘⓝⓣ

○ 串聯電路→一條線路
　並聯電路→有分支

電流的概念

在迴路上流通的電稱為**電流**。單位是**安培（A）**，或**毫安（或稱毫安培，mA）**。

由於肉眼無法觀察，我們對於電流的大小比較難有具體的感受，所以利用水量做比喻會是很容易理解的方法。

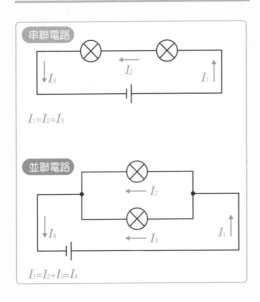

串聯電路

$I_1 = I_2 = I_3$

並聯電路

$I_1 = I_2 + I_3 = I_4$

電流的大小可以比喻成河水的流量喔。

河流？

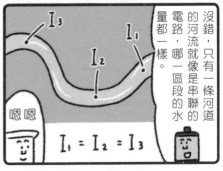

沒錯，只有一條河道的河流就像是串聯的電路，哪一區段的水量都一樣。

嗯嗯

$I_1 = I_2 = I_3$

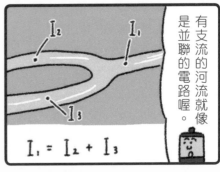

有支流的河流就像是並聯的電路喔。

$I_1 = I_2 + I_3$

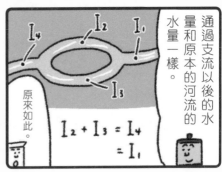

通過支流以後的水量和原本的河流的水量一樣。

原來如此。

$I_2 + I_3 = I_4 = I_1$

ⓅⓄⒾⓃⓉ

○ 串聯電路
→任何區段的電流都相同。

電壓的概念

連漫畫都講解得這麼認真，代表
這個概念真的很重要喔！

讓電流在電路上流動的機制是**電
壓**，單位是**伏特（V）**。 用瀑布
的高度落差來聯想，就很容易理
解電壓了。並排瀑布的高低落差
（電壓）等於電源的電壓。

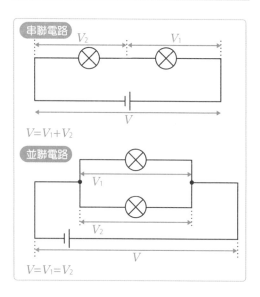

$V = V_1 + V_2$

並聯電路

$V = V_1 = V_2$

ⓅⓄⒾⓃⓉ

○ 並聯電路
　→任何區段的電壓皆相同
　　（與電源的電壓相同）。

可以把電壓的大小想
成是河流上瀑布的高
度落差喔。

哦
？

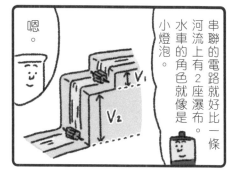

串聯的電路就好比一條
河流上有2座瀑布。
水車的角色就像是
小燈泡。

嗯
。

把每一座瀑布的落差
加總起來，就等於
整條河流的落差了。

$V = V_1 + V_2$

落差比較大的地方，
水車也比較會轉呢！

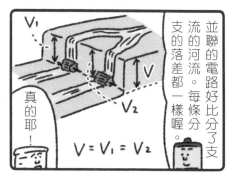

並聯的電路好比分了支
流的河流。每條分
支的落差都一樣喔。

$V = V_1 = V_2$

真的
耶
！

電阻好比人工收費站

電阻的大小可以用塞車的程度來聯想喔！

哦，這邊不用河流啦。

嗯

電阻的概念

電流不易流通的程度稱為**電阻**，單位是**歐姆（Ω）**，燈泡或電熱線都會成為電阻。

把電阻聯想成汽車的人工收費站吧！電阻並列開來，整體的電阻就會變小。

人工收費站好比電子喔，汽車就好比電阻。

意思是說，因為有人工收費站，車流情形才不好囉。

人工收費站（電阻）　車（電子）

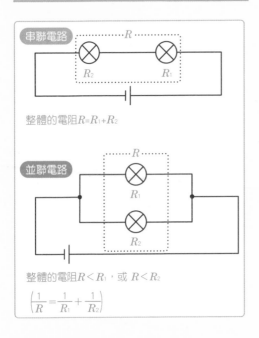

串聯電路

R

R_2　R_1

整體的電阻 $R = R_1 + R_2$

並聯電路

R

R_1

R_2

整體的電阻 $R < R_1$，或 $R < R_2$

$$\left(\frac{1}{R} = \frac{1}{R_1} + \frac{1}{R_2} \right)$$

串聯電路就好比連續遇上人工收費站，然後公路就大塞車了。

塞得好嚴重。

頓頓　停停

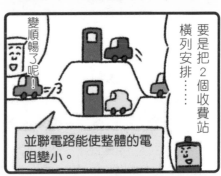

要是把2個收費站橫列安排⋯⋯

變順暢了呢！

並聯電路能使整體的電阻變小。

P O I N T

○ 整個串聯電路的電阻可利用加總各個電阻的方式求得。

歐姆定律

抵抗雷電的雉雞竟然被化成鸚鵡！

「難道這就是所謂的歐姆定律？！」傻呼呼的燒杯同學此話一出，立刻被魔鬼吐嘈。

正確解說如下：

> ### 歐姆定律
>
> 流經電阻的電流I（A）與電阻兩端所承受的電壓V（V）成正比，與電阻R（Ω）成反比。

以公式表示即

電壓V＝電阻R×電流I
（V）　（Ω）　（A）

POINT

○ 歐姆定律：
電流與電壓成正比！

↑燒杯同學和桃太郎一行人

註：日文中的鸚鵡和電阻發音相同。

歐姆定律的變化式

歐姆定律

電壓 V ＝ 電阻 R × 電流 I
（V）　　（Ω）　　（A）

可以變化成　$I = \dfrac{V}{R}$ ，$R = \dfrac{V}{I}$ 。

歐姆定律的變化式

電壓
電阻×電流

只要遮掉要求的部分，在其餘的框內填入已知的數值即可。

也可將文字改成單位的符號幫助記憶。

假如電流的單位是mA，要先換算成A以後再填入。

POINT

○ 只要記住一個關係圖，就能利用歐姆定律計算結果。

歐姆定律的公式可以用這張圖輕輕鬆鬆的記起來喔！

這樣啊！

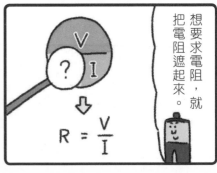

想要求電阻，就把電阻遮起來。

$$R = \frac{V}{I}$$

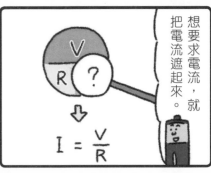

想要求電流，就把電流遮起來。

$$I = \frac{V}{R}$$

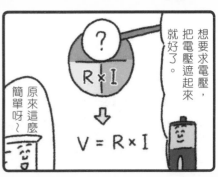

想要求電壓，把電壓遮起來就好了。

$$V = R \times I$$

原來這麼簡單呀～

計算電功率的方法

漫畫的情節是電壓相同，兩顆燈泡並聯，那麼來比較一下吧。

依據「**電功率＝電壓×電流**」可知：電流較大的一方，電功率也較大。

另外，依據歐姆定律「**電阻＝電壓÷電流**」可知：電流愈大，電阻愈小。

	明亮	昏暗
電功率	30 W	10 W
電壓	同	同
電流	大	小
阻力	小	大

▲瓦數不同的燈泡比較

↑燈泡同學們

明明我們的電壓一樣，為什麼你比較亮呢？

因為我的電功率比較大呀！

30W　10W

電功率？

要算電功率的時候，搬出這個口訣「壓乘流」就行了！

電壓以電流

哦～

……？意思是說，在電壓相同的情況下，電流的大小會影響亮度。

至少我的阻力比較大！

還真不服輸，硬要爭一項贏就對了。

這樣啊…

POINT
- 用1V的電壓輸送1A的電流時，電功率是1W。

電功率

電器們一起開電源，結果害斷電器跳掉了。

家用電路採用並聯配置，所以總電流等於流經家中所有電器的電流的總和。因此，為了安全起見，當電流量過大時，斷路器會自動跳掉。

在某一時間內消耗的電功率的量稱為電能，與電功率及使用時間成正比。

電能P ＝ 電功率w × 時間T
（J） 　　（W） 　　 （s）

這公式和計算熱量的公式相同。

電流造成的發熱量＝電功率×時間
　　（J） 　　　　　　 （W） （s）

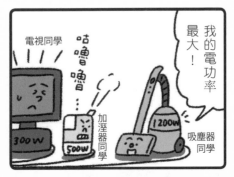

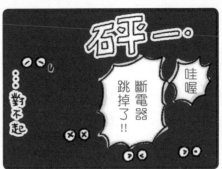

ⓅⓄⒾⓃⓉ

電能P 　　電功率W 　　時間T
○ （J） ＝ 　（W） × 　（s）

鋁罐和鐵罐

磁 場

只有鐵罐同學發生慘案！原來，當導電線圈有電流流通時，就會變成電磁鐵。而磁鐵只會吸引鐵，所以倒楣的只有鐵罐同學。

電磁鐵或磁鐵的力稱為**磁力**，磁力作用的空間稱為**磁場**。我們以曲線與箭頭──合稱為**磁力線**來表示磁場的模樣。磁力線的箭頭的指向即是磁場的方向：N極→S極。

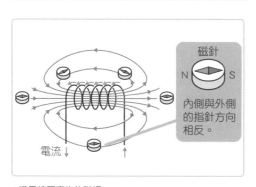

▲導電線圈產生的磁場

ᴾᴼᴵᴺᵀ

○ 磁力線
　以N極→S極的箭頭表示。

導線、導線圈產生的磁場

當導線通電時，想像螺絲朝電流的方向前進，而所產生的磁場方向就是螺絲旋轉的方向。（**安培右手定則**）。

順著電流流經導線圈的方向做出右手四指合攏，拇指向外豎立的抓握手勢。其中，大拇指的指向即是導線圈所產生的磁場N極。

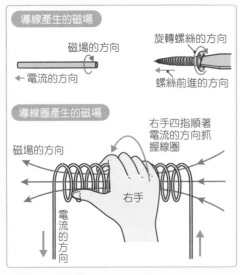

▲電流所形成的磁場的方向

●POINT●

○ 電流相反→磁場相反
　電流大→磁場強
　圈數多→磁場強

↑玻片標本同學　　↑橡皮塞小子

這個向右旋轉就能前進的螺絲叫什麼名字呢？

這個嘛…

旋轉

嘶

正確答案是：右旋螺絲！

答案簡直在抄題目嘛！

哈哈哈

下一題提示：磁場產生的方向是旋轉右旋螺絲的方向。請問，這個定理的名稱叫什麼呢？

這個嘛……

磁場的流向

電流的流向

答案是：安培右手螺旋定則

果然，還是在抄題目！

電流所受到的磁場的（作用）力

原本以為鞦韆會往前盪的，竟然往後盪了。仔細查看才發現，原來磁鐵的磁極擺反了！

在磁場中，流動的電流會受到磁場的（作用）力。無論相對於電流的方向或磁場的方向，力的方向都是垂直的。

將電流或磁場的方向相反，力的方向也會相反。不只磁場，假如連電流都相反的話，鞦韆就會是往前擺盪的！

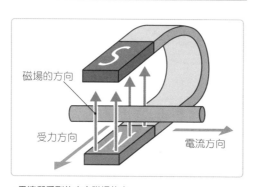

▲電流所受到的來自磁場的力

ＰＯＩＮＴ

○ 在磁場中流動的電流，會受到來自磁場的力。

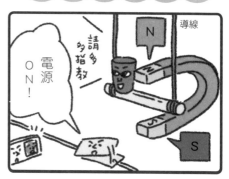

盪鞦韆

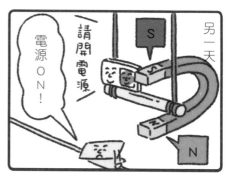

電磁感應

長條磁鐵同學呀，檢流計的指針只會在電流通過的時候擺動喔。之所以會有電流通過，是因為線圈中的磁場發生了變化，這個現象稱為**電磁感應**；而在這時通過的電流稱為**感應電流**，發電機所應用的就是這個原理。

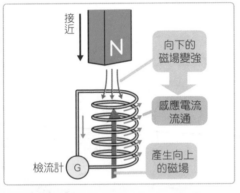

▲電磁感應
讓磁場方向相反，或反向移動磁鐵，都會讓感應電流的方向變相反。

ⓟⓞⓘⓝⓣ

- 想要加大感應電流可以藉由以下方式
  - 大幅改變磁場
  - 強化磁場
  - 增加線圈數

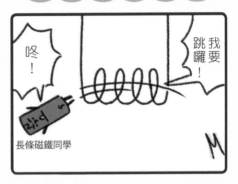

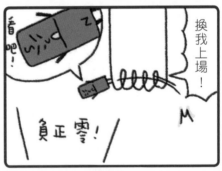

直流電與交流電

漫畫中，改變電流的方向，交替使用直流電與交流電，發光二極體兄弟的發光方式就改變了。

請看兩兄弟的腳，長短腳剛好相反邊呢。由於發光二極體只允許一定方向的電流通過，所以漫畫中的連結方法不能讓兩兄弟同時發光。另外，在串聯條件下，電壓不足，所以也沒有一顆能亮。

透過這個實驗我們可以了解，**直流電**是方向一定的電流，交流電是不斷改變方向的電流。而家庭用電使用的是**交流電**。

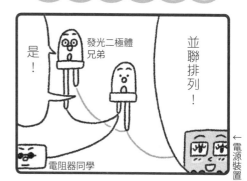

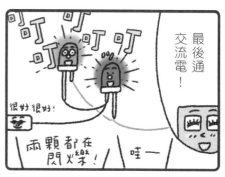

ＰＯＩＮＴ
- 直流電：電流方向一定。
  交流電：電流方向不斷改變。

電路的電流、電壓與電阻

	串聯電路	並聯電路
電路圖	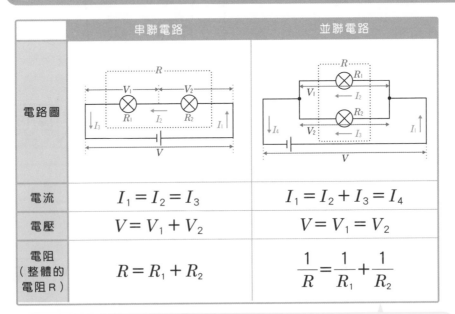	
電流	$I_1 = I_2 = I_3$	$I_1 = I_2 + I_3 = I_4$
電壓	$V = V_1 + V_2$	$V = V_1 = V_2$
電阻（整體的電阻R）	$R = R_1 + R_2$	$\dfrac{1}{R} = \dfrac{1}{R_1} + \dfrac{1}{R_2}$

類比：
電流→河流的水量
電壓→流域中瀑布的高度落差
電阻→人工收費站

歐姆定律

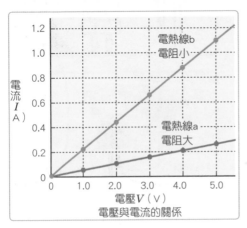

電熱線b
電阻小

電熱線a
電阻大

電壓與電流的關係

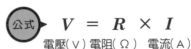

公式　$V = R \times I$
電壓(V) 電阻(Ω) 電流(A)

這個公式表示：流經電阻的電流與電壓成正比；電流與電阻成反比。

電流產生的磁場

用「壓乘流」這個口訣來記吧！

 公式 ▶ 電功率(Ｗ)＝電壓(Ｖ)×電流(Ａ)

 公式 ▶ 電能(Ｊ)＝電功率(Ｗ)×時間(ｓ)

 公式 ▶ 電流的發熱量(Ｊ)＝電功率(Ｗ)×時間(ｓ)

電流產生的磁場

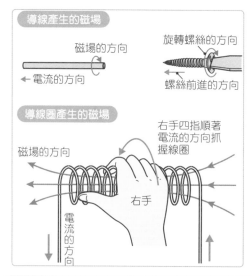

導線產生的磁場
磁場的方向
←電流的方向
旋轉螺絲的方向
螺絲前進的方向

導線圈產生的磁場
磁場的方向
右手四指順著電流的方向抓握線圈
右手
電流的方向

 定理 **電流產生的磁場**

用螺絲前進的方向類比電流的方向，旋轉螺絲的方向就成了磁場的方向。

 定理 **安培右手螺旋定則**

用右手大拇指以外的四指順著電流的方向握住線圈，豎立的大拇指的指向就是線圈內側的磁場的方向。

磁場中，電流所受的力

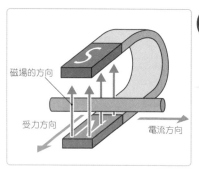

磁場的方向
受力方向
電流方向

 定理 **弗萊明左手定則**

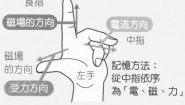

食指
磁場的方向
電流方向
中指
磁場的方向
左手
受力方向

記憶方法：從中指依序為「電、磁、力」互成直角。

一 運 動 與 能 量 一

這一章要學習物體間的作用力與關於物體運動的概念！

同時也來思考物體帶有的能量吧！

實驗器具

單擺同學

永遠盪著，
承載著你～

↕ 朋友

橡皮塞小子

花心小子，
但是人滿好的，
總是墨鏡造型。

彈簧秤同學

利用彈簧延伸的情況測量重量，
個性堅毅。

燒杯同學

終於輪到它被介紹了，
這次可是特別過來的。

朋友

玻片標本同學

個子小歸小，
在觀察活動中可是相當活躍。

藍色石蕊試紙同學
紅色石蕊試紙同學

擅長調查液體的酸鹼性質。

講授能量課程

能量仙人

掌管萬物的能量。
是個厲害的角色。

速度

一堆交通工具在比速度，最後好像全輸給了執行公轉的地球同學的樣子。

速度表示的是一定時間之內所移動的距離。

$$速度 = \frac{移動距離\,(m)}{移動花費時間\,(s)} \quad (m/s)$$

台車的運動可以利用打點計時器測量得知。

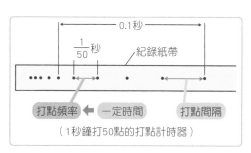

▲打點計時器的紀錄範例

P O I N T

$$\circ\ \frac{速度}{(m/s)} = \frac{移動距離\,(m)}{移動花費時間\,(s)}$$

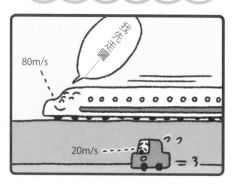

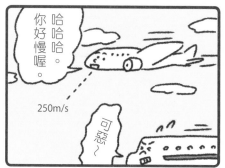

等速度運動

在平滑的水平面上移動的台車並沒有再受到運動方向的作用力，所以台車的速度維持一定，筆直的前進著，這種運動稱為**等速度直線運動**。

當台車在下坡時，由於持續受到運動方向的作用力，所以速度會以一定的比例持續增加。斜坡面的角度越大，作用力也越大。當角度到達最大（90°）時，台車就會向正下方墜落，成為所謂的**自由落體（運動）**。

那⋯⋯燒杯同學們有沒有事呀？

POINT

○ 當一定的力持續作用時，速度會以一定的比例變化。力越大，速度變化的程度也就越大。

水壓與浮力

鐵塊同學乘坐的保麗龍板為什麼能漂浮呢？凡是在水中的物體，都必須承受由四面八方而來的**水壓**。水壓多少視水的重量而定，在愈深的地方，水壓愈大。因此，水給予物體下方表面的壓力會大於上方的表面。而這兩壓力的差即能產生方向向上的**浮力**。

當鐵塊的重量導致保麗龍板沉入水中時，浮力也隨之變大，所以鐵塊能乘著保麗龍板漂浮在水面上。

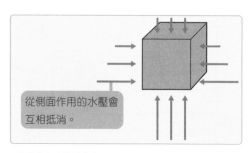

從側面作用的水壓會互相抵消。

▲作用在水中物體的水壓

ＰＯＩＮＴ

○ 水中的物體會受到方向向上的浮力作用。

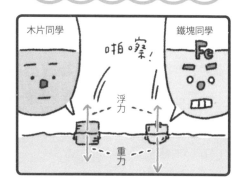

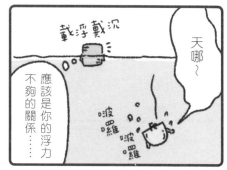

力的合成

玻片標本同學呀，那樣是推不動行李的！兩位合力的結果是下列圖例中的圖2。雖然企圖合力，合成的力卻比原本的力還小！

❶兩力的方向相同時

❷兩力的方向相反時

❸兩力不在同一直線上時

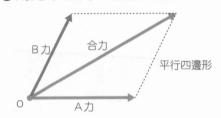

一般而言，在物體靜止的情況下，表示作用在物體的所有力達到平衡，合力是0。

POINT

○ 兩股力可以合成一股力。

我推

燒杯同學　玻片標本同學

你自己搬太勉強了，要合力才行。

合力？

嗯嗯

結合我們兩個的力，合成為一股力呀！

是的！

這算是什麼合力呀？

好，開始推

好，開始推

力的分解

那樣不叫做力的分解啦！這樣不就把好不容易打包好的搬家行李又拆開了嗎？！

一股力能分解成「以該力為對角線」的平行四邊形的兩個邊。所以只要畫出平行四邊形，就可以求出那些分力。

例如：斜面上物體的重力能分解成下圖中的分力A、B。

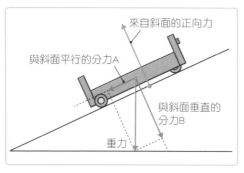

▲作用在斜面上物體的力

POINT

○斜面的角度越大，
　與斜面平行的分力也越大。

搬家！2

慣性定律

鐵同學不好好抓住吊環，一會兒被甩到前面去，另一會兒又被甩到後面去了。之所以發生這些狀況，**是因為物體有所謂的慣性。**

慣性定律

只要沒有外力加入，靜止的物體會一直維持靜止的狀態；運動中的物體會一直維持等速度直線運動。

漫畫中，當公車緊急啟動時，鐵同學因為要維持靜止狀態，所以被甩到後面去了。相反的，當公車緊急停車時，鐵同學又因為要維持等速度直線運動的緣故，而被甩到前面去了。

ⓅⓄⒾⓃⓉ

○ 慣性：物體維持原本的運動的特性。

作用力與反作用力定律

相撞的鐵同學和鐵子同學之所以會互相彈開，是因為他們互相施力於對方。在這種情況中有兩種力，一種稱為**作用力**、另一種稱為**反作用力**。這兩種力的關係如下：

・大小相等。

・在同一直線上。

・方向相反。

這稱為**作用力與反作用力定律**。燒杯同學由於承受不住反作用力，於是破成碎片了。

好孩子可別學溜滑板互相衝撞的行為喔！

ⓅⓄⒾⓃⓉ

⊙ 對物體施力的同時，也會受到大小相等，方向相反而位於同一直線上的力。

位能與動能

原本打算把兩能量表都充到MAX的，最後竟然兩邊都變成0了。

位能，是位於高處的物體所擁有的能量。它具有以下特性：

・位置越高，位能越大。

・質量越大，位能越大。

因此，當物體墜落，位置變低，位能就會減少。

但是，在墜落中的過程中，**動能**增加了。動能具有以下特性：

・速度越快，位能越大。

・質量越大，位能越大。

因此，當物體著陸，停止移動了以後，動能就變成0。順帶一提，消失的動能會被使用在對於地面的撞擊。

P O I N T

○ 物體對於其他物體作功的能力稱為「能」。

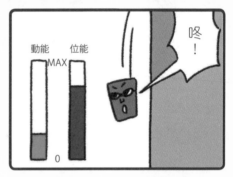

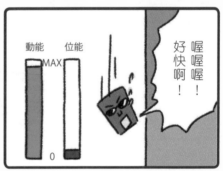

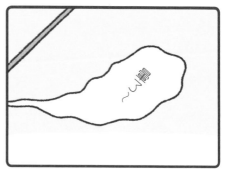

力學能守恆

單擺運動停不太下來，是因為位能與動能一直在互相轉換的緣故。位能與動能的和稱為**力學能**。在單擺運動中，力學能保持一定（在不考慮空氣阻力的情況）。這種現象稱為**力學能守恆定律**。

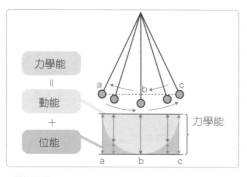

▲單擺運動
單擺擺盪到最高位置時，位能最大、動能為0。相對的，擺盪到最低位置時，位能最小、動能最大。

海盜船

P O I N T

○ 力學能＝位能＋動能
　→力學能守恆

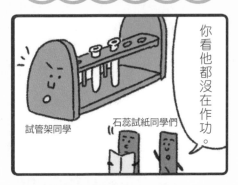

試管架同學　石蕊試紙同學們

你看他都沒在作功。

書桌同學

他也沒在作功。

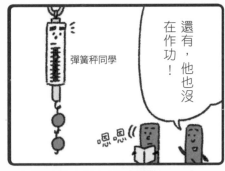

彈簧秤同學

還有，他也沒在作功！

能與功

沒錯，此功非彼工。不過這種說法可能會引發實驗器具們的眾怒喔。

不過，力學所謂的功，是指物體朝向施力的方向移動。

因此，施了力，物體卻沒有移動，或只是支撐物體的情況，都稱不上作功。

功的單位是焦耳（J），公式如下。

$$功（J）= \frac{作用力的大小（N）} {} \times \frac{物體沿著作用力的方向移動的距離（m）} {}$$

施加於物體的作用力越大，或物體移動的距離越長，功就越大。

等一下，你這是什麼意思？

我說的，是力學上的功啦！

我們可是都有好好在工作的!!

P O I N T

○　功（J）＝ 作用力的大小（N）× 物體沿著作用力的方向移動的距離（m）

滑輪與功率

像漫畫那樣,利用**動滑輪**以後,提起重物所需要的力變得只要一半就好,不過拉動繩子的距離卻必須變成2倍。因此,利用滑輪提重物與直接用手提重物的功並無差異,這就是所謂的功能原理。

功的大小雖然相同,但是能藉由道具的使用提升效率。功的效率稱為功率,以每秒所能執行的功作為表示。

$$功率(W) = \frac{功(J)}{時間(s)}$$

吊車的掛鉤部分使用動滑輪,所以能以較小的力提起重物。

○ 無論是否利用道具或斜面,功都相同。

叫我第一名

嘿咻……

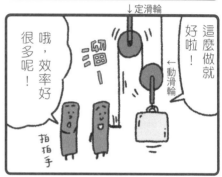

↓定滑輪

這麼做就好啦!

←動滑輪

哦,效率好很多呢!

拍拍手

強震

○○○

哇!

吊車同學

日光

我的功率最好喔!

沒錯!

傳導、對流、輻射

熱從加熱過的水壺同學傳導到水，又從水傳導到燒杯。

溫度不同的物體互相接觸時，熱會從溫度高的一方傳導到低的一方。這種熱的直接傳遞方式稱為**傳導（熱傳導）**。

溫暖的水或空氣會上升，冷水或空氣會下降。利用這樣的循環傳遞熱的現象稱為**對流**。注入熱水的燒杯同學因為紅外線等釋出的緣故，將熱傳遞四周環境。而這種熱傳遞的現象稱為**輻射（熱輻射）**。

傳導

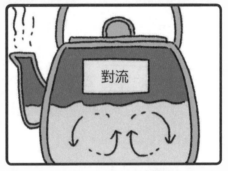

對流

POINT

○ 熱的傳遞方式：
傳導（熱傳導）、對流、輻射（熱輻射）。

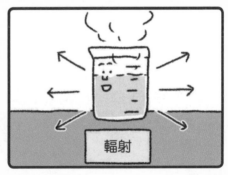

輻射

能量守恆

各種能量轉變到最後,終於把100元硬幣存起來了,還是存到好大的存錢筒!

其實,漫畫中還隱藏了其他形式的能量轉換。例如:本生燈燃料的化學能變成了火焰;100元硬幣掉落時發出的「叮鈴」聲。

像這樣,無論轉變成哪種形式,能量的總量永遠維持一定,而這就是所謂的**能量守恆定律**。

熱能

轉轉轉轉 滑滑滑

動能

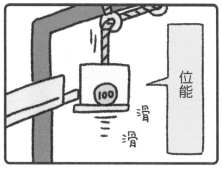

位能

滑滑

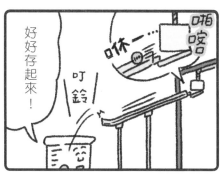

好好存起來!

叮鈴

POINT

○ 無論各種能量之間如何互相轉換,能的總量永遠維持一定。

發電的種類

石蕊試紙同學誤會能源仙人的話了。節省能源的意思是：有效率的使用能源。再說，**火力發電**也不只存在資源的問題。燃燒石化能源增加二氧化碳的排放，已被公認是地球暖化的原因。

水力發電，利用水的位能發電。雖然是乾淨的能源，卻會受到氣候變動，而且對於自然環境也有影響。

核能發電，是利用鈾的原子核分裂，可以利用少量的燃料獲得大量的能源，但是需要非常周全的管理，以免發生重大危機。

ＰＯＩＮＴ

o 各種發電方式各有各的優缺點。

最重要的事

日本的電力幾乎靠火力發電得來，可是燃料終究會耗竭。

能源仙人

……所以大家要一起努力節省能源。

了解！

↑紅色石蕊試紙同學

嘿咻嘿咻

轉轉

轉轉

？

這是努力發電！

亮

弄錯了啦！

可再生能源

所謂**生質**，是指可作為能源或資源利用的生物體，由於屬於有機物質，所以經燃燒會排放二氧化碳。不過，這些二氧化碳的源頭是植物為了進行光合作用而從大氣中吸收的，所以包含在**可再生能源**之中。

可再生能源不會枯竭，對於環境的汙染也比較少，可惜至今仍然存在地域條件或發電效率等眾多課題有待克服，因此至今未能受到大規模的利用。

POINT

○ 可再生能源：
太陽能、風力、潮汐、地熱、生質能源等。

放射線

放射線

放射線，是鈾等原子核分裂時所釋放的高速粒子或高能電磁波的總稱。

Ｘ射線	由倫琴發現。不帶電。
α射線	帶正電。氦原子核的粒子流。
β射線	帶負電的粒子流。
γ射線	不帶電。

放射線的主要性質

❶肉眼不可見。
❷穿透物體的能力（穿透力）。
❸將原子變成離子的能力（電離能力）。

ＰＯＩＮＴ

○物質釋放放射線的能力稱為放射能。釋出放射線的物質稱為放射性物質。

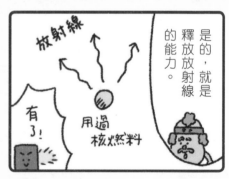

放射線的應用

石蕊試紙同學根本不需要害怕。
不過我們是人類，可不能掉以輕
心呀！

放射線具有破壞細胞，致使DNA
突變的特性。但是，就像能量仙
人說的那樣，並不需要過度憂心
匆匆。我們平常也接收大氣、岩
石或食物釋放的放射線，而且生
活的各種場合中也會應用到放射
線。

放射線的單位與代表的意義

貝克（Bq）：放射性物質釋放射線的
　　　　　　能力。
戈雷（Gy）：物質接受放射線的能量
　　　　　　大小。
西弗（Sv）：放射線對於人體的影響。

POINT

○ 放射線具有破壞細胞，致使
　DNA突變的特性。

暴露在大量的放射線之下會使細胞中的DNA受到傷害，是很危險的。

好可怕！

其實也不用怕成那樣，沒關係的！

滴淚　鉛盒

放射線本身也存在自然界當中。

而且也被應用在醫療或科學研究當中。

再說，張，根本沒關係的喔。

聽你這麼一說，對耶。

鬆一口氣

速度

 公式

$$速度(m/s) = \frac{移動距離(m)}{移動所花費時間(s)}$$

記法

距離 ／ 速度 × 時間

等 速 度 直 線 運 動

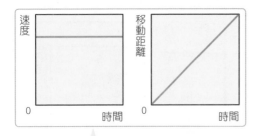

速度—時間　移動距離—時間

等速度直線運動是：以一定速度在一直線上移動的運動。

○ 當物體在做等速度直線運動時，
　移動距離 ＝ 速度 × 時間
　（m）　 （m/s）（s）

浮 力

 公式

$$浮力(N) = 作用於物體的重力(N) - 進入水中時，彈簧秤量出來的值(N)$$

慣 性 定 律

定律 只要不受到外力，靜止的物體永遠維持靜止狀態，運動中的物體永遠維持等速度直線運動。

緊急啟動或緊急剎車時，物體向後或向前傾的現象就是受到慣性作用。

作用力與反作用力
❶大小相等。
❷發生在同一直線上。
❸方向相反。

溜滑板溜到相撞時之所以會各自彈回去，就是因為受到作用力與反作用力的作用。

力學能守恆定律

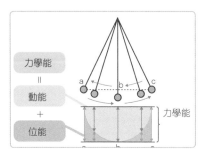

 力學能守恆
＝動能＋位能
→力學能恆定

功

 功（J）＝作用力的大小（N）× 順著作用力的方向移動的距離（m）

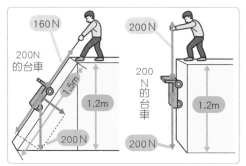

○ 即使利用道具或斜坡面，功的大小都相同。

◀左圖：
160（N）×1.5（m）＝240（J）
右圖：
200（N）×1.2（m）＝240（J）

 功率（W）＝ $\dfrac{功（J）}{作功所需要的時間（s）}$

呵呵呵~
馬馬虎虎啦！

你好會
打棒球喔！

4

地球科學篇

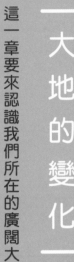

一 大地的變化 一

這一章要來來認識我們所在的廣闊大地，
並且統整形成大地的岩石種類，以及大地的各種作用吧！

火成岩樂團

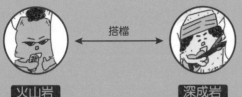

搭檔

火山岩
熱愛搖滾的男歌手，
從故鄉的火山蹦出來的。

深成岩
熱愛民謠的男歌手，
來自埋藏在地下深處的故鄉。

形成火山岩

火山

競爭對手

普賢岳
長崎縣出身，
特技是大噴火。

淺間山
長野縣與群馬縣出身，
特技是魔鬼熔岩流。

板塊

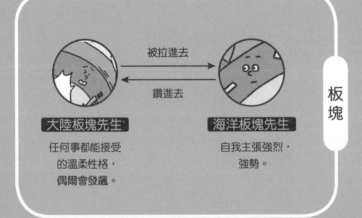

被拉進去

鑽進去

大陸板塊先生
任何事都能接受
的溫柔性格，
偶爾會發飆。

海洋板塊先生
自我主張強烈，
強勢。

火山噴發

啊啦啦……原本應該是相撲競技的，竟然演變成大亂鬥了。火山噴發物在空中四散、亂飛。

火山噴出物源自地底岩石等熔化而成的糊漿狀物質（岩漿），可分為幾個種類：

火山氣體是火山噴出物中的氣體，主成分是水蒸氣。**火山灰**是細碎的熔岩碎屑。**火山彈**是被噴出的熔岩在空中冷卻而成的固體。

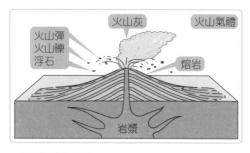
▲火山噴出物的種類

ⓅⓄⒾⓃⓉ
○ 熔岩：岩漿流出地表以後稱為熔岩（冷卻固化以後的物體也稱為熔岩）。

火山岩相撲

東～淺間山～

西～普賢岳～

火山灰

喔鬥！淺間山瞬間使出火山彈攻擊。

噗噗噗

!?

噗噗

這下子可惹怒普賢岳使出大噴火。

咚叭─。

場內佈滿火山灰～

這根本不是相撲嘛!!

霧霧霧霧霧霧

火成岩的組成

就把火山岩與深成岩看成搭檔組合，一起記起來吧！

火山岩，是岩漿在地表急速冷卻所形成的岩石，特徵是由斑晶與石基組成的**斑狀組織**。

相對的，**深成岩**是在地底緩慢冷卻所形成的岩石，由大小差不多的結晶排列而形成**等粒組織**。

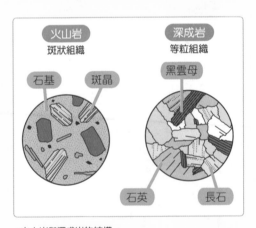

▲火山岩與深成岩的結構

POINT

- 火成岩包含火山岩、深成岩。
- 火山岩→斑狀組織。
- 深成岩→等粒組織。

我是形成火山的岩石，名字就叫做火山岩。

我是在地底深處出生的深成岩喔。

我們兩人搭檔就是……火成岩樂團！

現在似乎只欠聽眾……看樣子是。一片安靜…

160

岩漿的黏性與火山的型態

岩漿的黏性強，火山高高隆起成鐘狀，噴發較激烈，所形成的火成岩偏淺白色。

岩漿的黏性弱，火山的坡度和緩，噴發較溫和，所形成的火成岩偏深黑色。

那麼，岩漿的黏性中等的話呢？那樣的火山呈圓錐狀，所形成的火成岩呈中間色調，偏灰色。

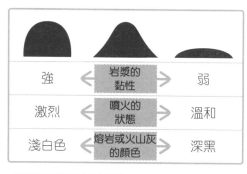

	岩漿的黏性	
強	⟷	弱
激烈	噴火的狀態	溫和
	⟷	
淺白色	熔岩或火山灰的顏色	深黑
	⟷	

▲岩漿的的黏性與火山的型態

POINT

○ 岩漿的黏性越強，所形成的火成岩的顏色越越白。

震源與震央的關係

震源的「源」就是「源頭」的意思，代表地震發生的地點。

當地震發生的時候，震波會從震源傳遞到四周。因此，將地表上在相同時刻觀測到地震的地點連結成線，就會變成圓形。而**震央**就在圖的正中央。所以震央的「央」就是「中央」的意思喔。

震央在地表，震源在地底喔！

ＰＯＩＮＴ

○ 震央是地表上，位於震源的正上方的那一點。

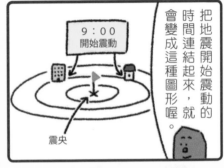

震央的「央」是正中心的意思，也就是中央的「央」喔。

喔—

把地震開始震動的時間連結起來，就會變成這種圖形喔。

9：00
開始震動

震央

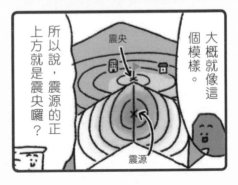

說到震源……

大概就像這個模樣。

所以說，震源的正上方就是震央囉？

震央

震源

P 波與 S 波

雖然燒杯同學說的很好記憶，不過我們還是來學正確的知識吧。

P波是Primary wave的簡稱，意思是最初的震波（稱為**初波**）。S波是Secondary wave的簡稱，意思是接著到來的震波（稱為**次波**）。當地震發生時兩種波同時發生，並且向四周傳遞。

速度較快的P波率先抵達，引發輕微的震動（**初期微震**）。之後，速度較慢的S波接著抵達，引發劇烈的震動（**主震**）。

從P波抵達到S波抵達之間的時間差即是**初期微震持續時間**。這時間與距離震源的距離成正比，距離越遠、持續越久。

地震剛開始時的小小震動是 P 波造成的。

咦，怎麼瞬間震了起來！

過不久……

咚！

皮皮剉

後來的劇烈震動是 S 波造成的。

天天天、天哪！

天天天、天哪！

劇烈震動

一開始，瞬間震動，嚇得皮皮剉，所以叫做P波；

後來變得Super搖晃的，所以叫S波。對不對？

P和S不是那樣來的……

POINT

• 地震的震動由快速震波（P波）與慢速震波（S波）所造成。

地震規模是？

地震的能量

漫畫提到了地震規模，不過還是先來說明震度吧。

震度表示地震的震動程度，分為10級。一般來說，離震源越遠，震度越小。但是，在與震源的距離相同的情況下，各地會因為地層結構的不同，而出現不同的震度。

另外，地震的規模就稱為**地震規模（M）**。地震規模越大的地震，劇烈震動被傳遞的範圍也就越大。在地震規模相同的情況下，震源較淺的地方，震度會比較大。

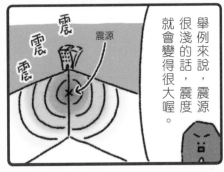

POINT
- 震度：地震的震動程度。
- 地震規模：地震的規模。

地震的成因

板塊，是指地球表面大約100km厚的岩盤，例如：日本附近就有四塊板塊聚集，且相互施力。

在板塊交界處發生地震的情形如下：

❶海洋板塊隱沒，大陸板塊被硬拖下去而變形。

❷變形到達了極限，岩石遭到破壞，大陸板塊往上彈，於是發生地震。這時海水會漲高。

❸漲高的海水變成**海嘯**，海嘯向周圍擴大，並逼近陸地。

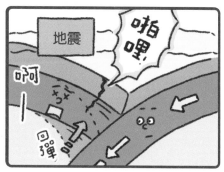

P O I N T

o 地震除了會發生在板塊的邊界以外，像是日本列島的正下方也有淺源地震發生。

變動的大地

相對於地表，地球非常的巨大，所以不至於會變成凹凹凸凸的模樣。不過，地表確實會突然上升（**隆起**）或下沉（**沉降**）。

我們可在海岸附近看見平坦的土地與突然缺角的階梯狀地形，那是劇烈的地盤隆起或海平面下降所形成的地形，稱為**海岸階地（海階）**。

因為板塊運動對地底的岩盤施加巨大的壓力而斷裂的地形叫做**斷層**。另外，大地受到擠壓而扭曲所形成的地形稱為**褶皺**。

POINT

○ 板塊運動會引發地震，造成大地變動。

地層形成

現在來看看實際上發生了那些現象吧!

❶ 經風或流水切削風化後脆裂的岩石,這種作用稱為**侵蝕**。

❷ 流水將砂礫搬運至下游,這種作用稱為**搬運**。

❸ 被搬運的砂礫沉積在水底,這種作用稱為**沉積**。

❹ 沉積物層層堆積,形成**地層**。

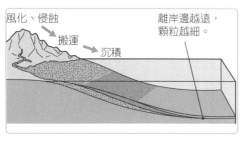

▲地層形成以前
被搬運到海洋或湖泊的砂礫會在水中散開,然後沉積在水底。

POINT
- 顆粒越小的砂礫被搬運得越遠。

地 層

假如未來的人類調查起地層的話，說不定會發生這篇漫畫的情節呢！

構成地層的沉積物經年累月的被壓實以後便形成沉積岩。

依據沉積砂礫的顆粒大小，沉積岩可分類為：**礫岩、砂岩、泥岩**。另外，依據沉積物質的種類，又可分類為：**石灰岩**（來自生物遺骸等含有的碳酸鈣）、**燧石岩**（來自生物遺骸等含有的二氧化矽）、**凝灰岩**（火山噴出物）。

POINT

○ 由沉積岩的特徵就能了解形成該沉積物形成的環境。

假如未來的人類研究起地層的話……

！

恐龍化石？

嗯，這是中生代的地層吧。

我在它的旁邊發現了三葉蟲的化石！

為什麼古生代的生物在這？

我在同一地層還發現了21世紀的交通工具！

什麼！這到底是什麼時代呀？

原來是博物館的遺跡！

○×博物館

啊！

指標化石與指相化石

指標化石，是只生存在某特定時代的生物化石，能幫助推測該地層形成的時代（地質年代）。不妨利用漫畫所提供的諧音口訣，幫助記憶幾個較具代表性組合吧！

相對的，只能生存在某特定環境的生物化石稱為**指相化石**，能幫助推測該地層形成當時的環境。

指相化石與來源生物	可推測的棲息環境
珊瑚	溫暖的淺海
扇貝	水溫較低的淺海
蜆	湖或海口
山毛櫸	溫帶且稍微寒冷的陸域

▲指相化石與可推測的棲息環境

ⓅⓄⒾⓃⓉ

• 化石與可幫助推測的內容
  指標化石→沉積的年代
  指相化石→當時的環境

三葉菊好苦～

籠中鳥相泣……

呼…

註：各年代代表生物背誦口訣。

三葉（三葉蟲）　菊（菊石）
好苦（古生代）
籠（恐龍）　虫（虫生代）
鳥（鳥類）　相（古菱齒象）
泣（新生代）

啪一

岩漿的性質與火山的形狀

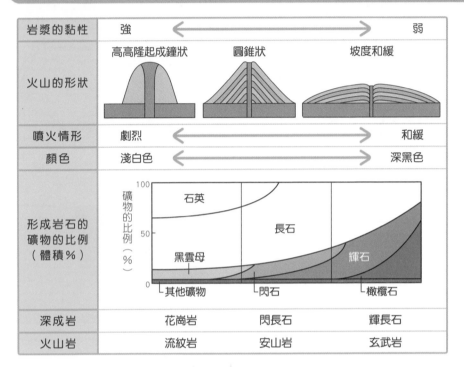

岩漿的黏性	強 ⟷ 弱		
火山的形狀	高高隆起成鐘狀	圓錐狀	坡度和緩
噴火情形	劇烈 ⟷ 和緩		
顏色	淺白色 ⟷ 深黑色		
形成岩石的礦物的比例（體積％）	石英／黑雲母／其他礦物	長石／閃石	輝石／橄欖石
深成岩	花崗岩	閃長石	輝長石
火山岩	流紋岩	安山岩	玄武岩

岩漿的黏性越強，所形成的火山顏色越淺白。

地震的震動

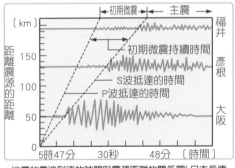

▲地震的震波到達的時間與震源距離的關係圖（日本兵庫縣南部地震）

○ **距離震源越遠，初期微震持續時間越長。**

依據「P波（初期微震）→S波（主震）」的順序傳遞。

沉積岩的種類

沉積岩	主要沉積物	
礫岩	岩石或礦物的破片	礫　直徑 2 mm 以上
砂岩		砂　直徑 0.0625～2 mm
泥岩		泥　直徑 0.0625 mm 以下
石灰岩	生物遺骸或溶在水中的成分沉澱而來	滴稀鹽酸會冒出二氧化碳
燧石岩		滴稀鹽酸不會冒氣體
凝灰岩	火山噴出物（火山灰、火山礫、浮石）	

地質年代與指標化石

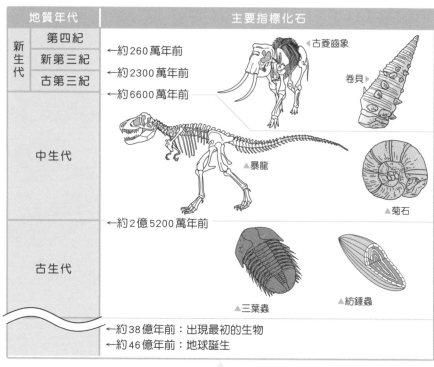

地質年代		主要指標化石
新生代	第四紀	←約260萬年前　　◀古菱齒象　　卷貝
	新第三紀	←約2300萬年前
	古第三紀	←約6600萬年前
中生代		▲暴龍　　▲菊石
		←約2億5200萬年前
古生代		▲三葉蟲　　▲紡錘蟲
		←約38億年前：出現最初的生物
		←約46億年前：地球誕生

三葉（三葉蟲）　菊（菊石）　好苦（古生代）
籠（恐龍）　中（中生代）　鳥（鳥類）
相（古菱齒象）　泣（新生代）

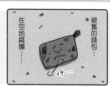

破舊的麵包⋯
在空地腐爛⋯
唔⋯⋯⋯

一天氣的變化一

這一章來學習造成天氣變化的因素！

並且瞭解雲與風的成因，以及與日本的天氣有關的事情吧！

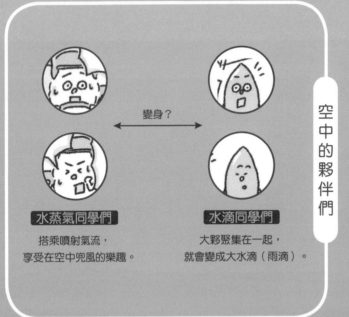

變身？

水蒸氣同學們

搭乘噴射氣流，
享受在空中兜風的樂趣。

水滴同學們

大夥聚集在一起，
就會變成大水滴（雨滴）。

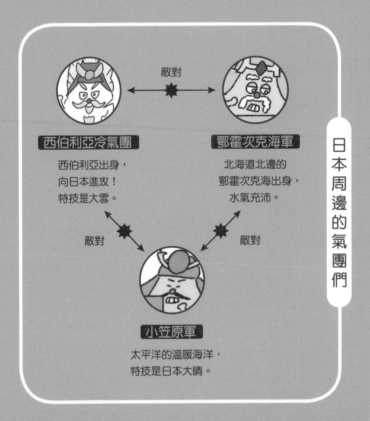

敵對

西伯利亞冷氣團

西伯利亞出身，
向日本進攻！
特技是大雪。

鄂霍次克海軍

北海道北邊的
鄂霍次克海出身，
水氣充沛。

敵對

敵對

小笠原軍

太平洋的溫暖海洋，
特技是日本大晴。

表示天氣的符號

不會吧，還真下起海膽（冰雹），
傷腦筋啊！傘會被戳破洞的。

實際上並沒有長得像海膽的天氣符
號，真正的天氣符號如下：

晴　多雲時晴　陰　雨　雪　雷

天氣符號搭配表示風向與風力的箭
羽，稱為天氣符號。只要看懂天氣
符號，就能大致掌握各觀測地點的
氣象要素。

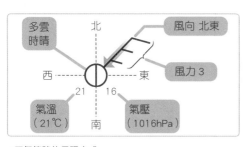

▲天氣符號的呈現方式

POINT

○雲量0～1：晴，2～8：晴
　時多雲，9～10：陰。

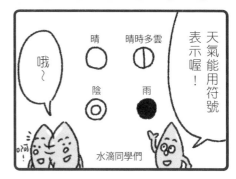

水滴兄弟今天
在巨蛋表演相聲

我就說在空
中兜風是最
高享受～

水蒸氣同學們

……喔喔，
你看前面！

= 3

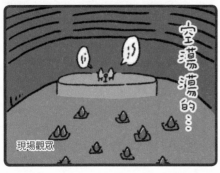

空蕩蕩的…

現場觀眾

砰…

!!

隔天在公民館表演

哦，我看今
天的觀眾比
較多耶～

總觀眾數其實
和昨天差不
多而已吧！

哇～
好冷～!!

叮

叮

可是今天的場子
比較熱耶～

那是因為這
邊的空間比
較小的緣故
!!

啪

哇哈哈哈哈

變成水滴了啦～

喔嚕～

露點與濕度

大熱天來杯冰涼的飲料最暢快了！但是這對水蒸氣同學們來說有如飛來的橫禍。裝了冰塊的玻璃杯會將空氣冷卻，使得水蒸氣同學們變成水滴。像這樣，水蒸氣變成水滴的現象稱為**凝結**。

另外，空氣冷卻，水蒸氣開始凝結的溫度則是空氣的**露點**。

空氣中所能含有的最大量水蒸氣，也就是所謂的**飽和水蒸氣量**；並且受溫度而有所變動，溫度越低，飽和水蒸汽量也就越低。

濕度，是指「空氣水蒸氣含量」與「當時的飽和水蒸氣量」的比值，通常以百分比表示。

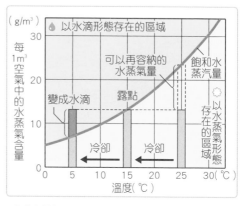

▲飽和水蒸汽量與露點

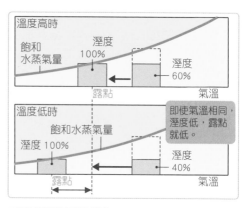

▲露點隨溫度改變的情形

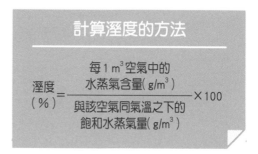

計算濕度的方法

$$濕度(\%) = \frac{每\,1\,m^3\,空氣中的水蒸氣含量(g/m^3)}{與該空氣同氣溫之下的飽和水蒸氣量(g/m^3)} \times 100$$

P O I N T

◦ 即使水蒸氣的量相同，一旦溫度變化，濕度也隨著變化。

雲 的 形 成

上升的空氣流稱為**上升氣流**。形成的原因有許多，例如：

- 部分地表強烈受熱。
- 空氣沿著山腰上升。
- 冷空氣將暖空氣向上推升，或暖空氣沿著冷空氣向上爬升。

越往高空，氣壓越低，所以空氣上升時體積會膨脹。而空氣在膨脹時，溫度會下降，所以空氣上升到一定高度時會達到露點，使水蒸氣變成水滴。

因此，搭乘噴射氣流的兩位水蒸氣同學在空中飄浮到最後，就變成雲了。

POINT

○ 上升氣流形成時，空氣的溫度會隨著升上高空而下降，於是形成了雲。

高氣壓與低氣壓

好容易誤導人的謎題呀！

天氣圖上將相同氣壓的地點連結起來的線稱為**等壓線**。等壓線閉合，且內圈的氣壓高於外圈的稱為**高氣壓**；低於外圈的稱為**低氣壓**。

高氣壓會從中心吹出順時針的風；低氣壓則是向中心吹出逆時針的風。兩者表示風向的箭頭恰好相反，請注意。

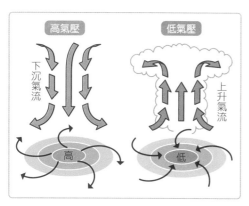

▲高氣壓與低氣壓

POINT

⊙等壓線間距窄的地方，風勢強勁。

猜猜看，這是誰？

聽提示，猜猜看！

空氣會從氣壓高的地方流到氣壓低的地方。

那是我的功勞喔～

啊

高氣壓！！

嘿嘿！很遺憾，答錯了！

正確答案是：低氣壓～

我們的剪影一模一樣吧！

低氣壓同學

高氣壓

暖氣團與冷氣團

暖氣團選手與冷氣團選手強烈碰撞在一起了。當形勢逆轉，前線的圖形也改變了，注意到了嗎？！

冷空氣與暖空氣之類性質相異的氣團碰在一起所形成的交界面稱為**鋒面**；鋒與地面交接的地方稱為**鋒**。

暖鋒能為大範圍帶來和緩的降雨，因此在暖鋒過境以後，氣溫會上升。**冷鋒**能帶來小範圍的強降雨，因此在冷鋒過境以後，氣溫會驟降。

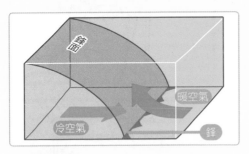

▲冷鋒示意圖

ＰＯＩＮＴ

○ 暖鋒：和緩降雨→氣溫上升。
○ 冷鋒：強降雨→氣溫下降。

鋒與天氣的關係

當冷空氣與暖空氣勢力相當時，冷鋒與暖風幾乎停滯不動，稱為**滯留鋒**。滯留鋒容易形成雲，導致惡劣天氣。

另外，暖鋒由低氣壓中心向前方（東側）延伸；冷鋒則是由低氣壓中心向後方（西側）延伸。由於冷鋒的速度較快，終究會追上暖鋒，因此會形成**囚錮鋒**。

在日本附近區域，由於低氣壓由西向東移動，所以天氣的變化也會配合鋒面的通過而由西向東改變。

鋒的種類	記號
暖 鋒	
冷 鋒	
滯 留 鋒	
囚 錮 鋒	

▲鋒的種類與記號

ⓟⓞⓘⓝⓣ

○ 滯留鋒幾乎停滯不動，持續降雨造成→梅雨或秋雨。

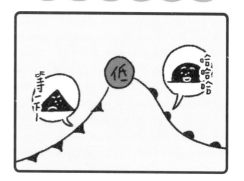

帶有囚禁、禁錮的意味的囚錮鋒

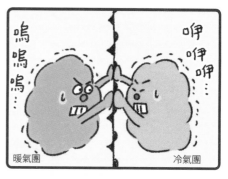

暖氣團　　　冷氣團

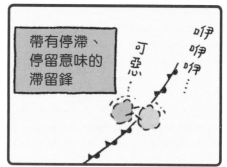

帶有停滯、停留意味的滯留鋒

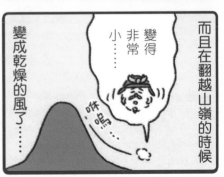

日本的夏季與冬季的天氣

日本周邊的氣團有如戰國武將呢！在日本周邊，各個季節都有性質不同的氣團發展起來並相互影響，於是形成日本四季所特有的氣象。

小笠原暖氣團，是夏季發展於日本東南的太平洋，是潮溼又溫暖的暖氣團。當小笠原暖氣團的勢力變強時，長期持續的梅雨會停止，然後轉入真正的夏天。當日本列島完全被小笠原高壓（太平洋高壓）籠罩時，東南季風便開始吹拂，帶來多日高溫多溼的雨天。

西伯利亞冷氣團，是冬季發展於俄羅斯大陸，是乾燥寒冷的氣團。這季節，日本西邊有發達的西伯利亞高壓，東邊有發達的低氣壓，形成西高東低的氣壓配置。首先，西北季風在日本海上挾帶大量的水氣，來到日本後碰到山脈，於是在日本海那一側降下大雪。直到越到太平洋那一側以後，才變成又乾又冷的風，因而又形成多日乾燥且晴朗的天氣。

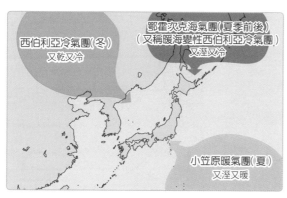

▲日本周邊的主要氣團

P O I N T

- 日本的夏天是小笠原暖氣團，冬天是西伯利亞冷氣團發達的季節。

春季與秋季的天氣

想要晾衣服的水滴同學每次一晾衣服就遇到下雨，好可憐啊！

真實的天氣雖然不到這麼誇張的程度，不過春季與秋季有**移動性高壓**與**溫帶低壓**交互過境，天氣的確會出現周期性的變化。

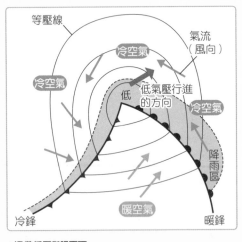

▲溫帶低壓與降雨區

POINT

○ 春秋兩季中，天氣會週期性的變化，同樣的天氣不會持續太久。

梅雨天氣

滯留鋒同學帶來了長時間降雨。好不容易等到它通過完畢，怎麼又回來了？結果就像本人所說，這次真的是另有其人！

梅雨時節（五月中旬～七月下旬）期間，鄂霍次克海氣團與小笠原暖氣團的勢力相當，於是產生滯留鋒。這時的滯留鋒稱為**梅雨鋒**，它寬廣的帶狀雲會橫跨日本的東西，並且滯留在上空，而帶來雨時極長的降雨。

初秋時節（八月下旬～十月上旬），氣壓配置再次變得與梅雨時節相同，滯留鋒再次帶來長時間的降雨。而這時節的滯留鋒則稱為**秋雨鋒**。（日本較為常見）

POINT
- 梅雨鋒：梅雨時節。
- 秋雨鋒：初秋時節。

行進路線

颱風

熱帶海域發生的熱帶低壓之中，最大風速到達17.2m/s（風力8級）以上，即稱為**颱風**。颱風的成長來源是溫暖海洋的大量水蒸氣。颱風的中央部位無雲、風勢弱，稱為颱風眼。

每年七～八月期間，颱風朝西北方向北上；不過到了八月下旬～九月期間，小笠原高壓一減弱，颱風經常會受到**西風帶**吹襲，而在日本登陸。

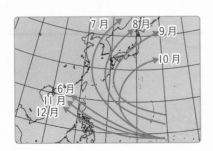

▲颱風的行進路線

ⓅⓄⒾⓃⓉ

○由於日本的上空有強勁的風（西風帶）由西向東吹襲，因此天氣的變化通常也是由西向東。

颱風先生

↓西風帶先生

喔喔，是西風帶！

痛呀，黃沙吹進我的眼睛啦！

哼！看你還敢不敢過來！可別再找藉口過來！不敢啦！黃沙太嚇人啦！

日本列島

風的成因及機制

海陸風與季節風

海陸風，是指面臨海洋的地區因為海面與陸面存在溫差，導致風向隨日夜而變化的風。它的成因及機制與季節風相同。

白天（夏季）時，接受日照的陸面比海洋容易升溫，因而發展出上升氣流，導致陸面氣壓下降，於是帶動風由海洋吹往陸地（**海風**）。

夜晚（冬季）時，殘留日照餘溫的海洋變得比容易冷卻的陸地溫暖，因而興起上升氣流，導致海面的氣壓下降，於是帶動風由陸地吹往海洋（**陸風**）。

POINT

● 海陸風與季節風都是因為❶容易溫暖的區域產生上升氣流，❷導致該區域的氣壓下降，於是帶動風往該區域吹過去。

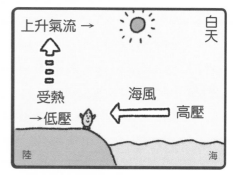

溼度的公式

 公式 ▶

$$溼度（\%）= \frac{每\,1m^3\,所含有的\,水蒸氣的質量（g/m^3）}{與該氣溫的飽和\,水蒸汽量（g/m^3）} \times 100$$

雲的形成

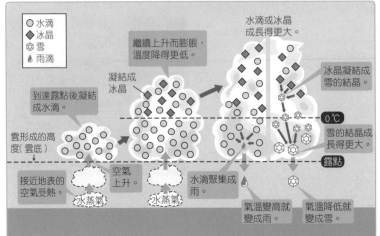

○ 水滴
◆ 冰晶
✿ 雪
● 雨滴

水滴或冰晶成長得更大。

繼續上升而膨脹，溫度降得更低。

冰晶凝結成雪的結晶。

凝結成冰晶

到達露點後凝結成水滴。

0℃

雲形成的高度（雲底）

雪的結晶成長得更大。

露點

接近地表的空氣受熱

空氣上升。

水滴聚集成雨。

氣溫變高就變成雨。

氣溫降低就變成雪。

水蒸氣　水蒸氣

氣流上升，氣壓與溫度皆下降。

氣壓與風

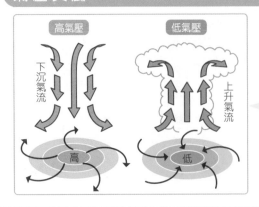

高氣壓　低氣壓

下沉氣流　上升氣流

高　低

○ 高氣壓與低氣壓的風向相反。

高氣壓、低氣壓都以同心圓的等壓線表示。

冬季的天氣

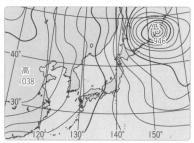

○ 西高東低的氣壓配置。
○ 沿日本海地區下雪。
○ 沿太平洋地區晴天。

春、秋季的天氣

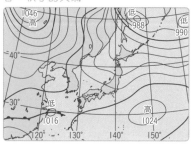

○ 高氣壓與低氣壓交互到來。
○ 天氣變化多。

梅雨時節的天氣

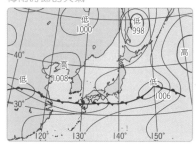

○ 梅雨鋒滯留在日本附近。
○ 多陰天或雨天。

在秋天出現的是
秋雨鋒。

夏季的天氣

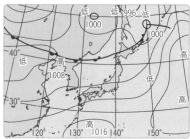

○ 大陸側：低氣壓
　 大陸側：低氣壓
○ 持續悶熱的天氣。

颱風通常在八月
下旬至九月登陸
日本。

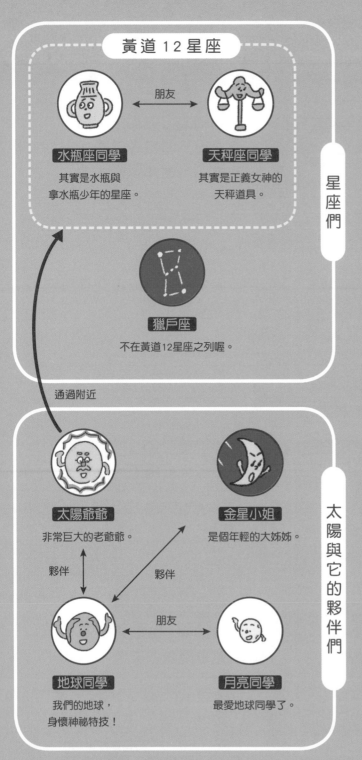

一地球與宇宙一

這一章來學習地球及地球以外的宇宙！

也來統整地球與各天體的相關位置，以及天體在該時間點所呈現的模樣吧！

黃道 12 星座

朋友

水瓶座同學
其實是水瓶與
拿水瓶少年的星座。

天秤座同學
其實是正義女神的
天秤道具。

星座們

獵戶座
不在黃道12星座之列喔。

通過附近

太陽爺爺
非常巨大的老爺爺。

金星小姐
是個年輕的大姊姊。

夥伴

夥伴

太陽與它的夥伴們

朋友

地球同學
我們的地球，
身懷神祕特技！

月亮同學
最愛地球同學了。

太陽的模樣

地球同學似乎怎麼看都覺得太陽**黑子**是黑痣。

太陽是自己會發光的**恆星**，由高溫的氣體所組成。表面溫度大約6000℃。表面噴發紅色火焰狀氣體的活動稱為**日珥**。另外，擴散在太陽外側的高溫且稀薄的大氣層稱為**日冕**。

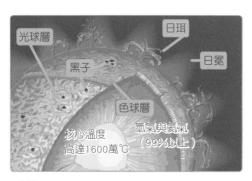

光球層
日珥
黑子
日冕
色球層
核心溫度
高達1600萬℃
氫氣與氦氣
（99%以上）

▲太陽

ＰＯＩＮＴ

◎ 根據太陽黑子的形狀及位置的變化，即可推測得知太陽是球體，而且有自轉運動。

太陽爺爺

地球同學

哦，爺爺有黑痣！

不是，不是。這是黑子。

它的溫度比周圍低，才會看起來黑黑的。

原來如此～

⋯

轉身⋯

啊！

哈哈哈

爺爺的背也有黑痣喔～

我就說那不是黑痣了！

花式滑冰

地球的自轉與公轉

地球同學秀了它精湛的表演！
聯想起來，地球的運動還真像花式滑冰中的旋轉呢！

地軸，是連結地球北極與南極的假想線，地球以這條線為轉軸，一天**自轉**一周。

同時，地球也每年（365.26日）環繞太陽**公轉**一周。

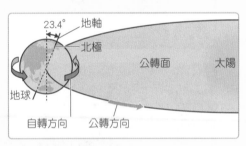

▲地球的自轉與公轉

ＰＯＩＮＴ
○ 地球側傾著地軸每天自轉一周，同時進行每年繞太陽一周的公轉。

地球選手完成漂亮的傾斜！完美的23.4°。

精準！

瞧瞧！他以驚人的轉速自轉中。

轉轉轉

而且還加上～

轉轉轉

飛旋一…

太完美了！漂亮的公轉呀！

應該可以搶下超高分數吧！

飛旋一

太陽在一天中的位置變化

日照的量會隨著日照的角度而變化。

請一面參考下圖、一面思考。當太陽在正上方時，上方的四條箭頭合起來的日照範圍，到了太陽傾斜照射時，是不是只剩下兩條箭頭的日照量了呢？！

由圖可知，一日之中，太陽光最強烈的時候，就是太陽通過中天的時候。

如日中天

日照好強烈喔～

因為太陽正在過中天呀！

星星同學們

從東邊升起的太陽會通過南方天空，在西方落下。

西
南
北
東

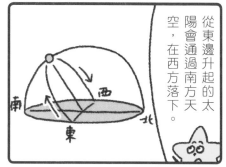

通過中天時的太陽的高度最高，所以日照也最強烈。

這就是所謂的如日中天呦！

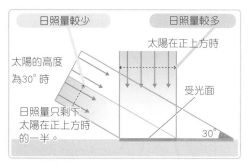

日照量較少　　日照量較多

太陽在正上方時

太陽的高度為30°時

受光面

日照量只剩下太陽在正上方時的一半。

30°

▲太陽的高度與日照量

POINT

- 太陽從東方升起後，通過中天後再從西方落下（周日視運動）。
- 中天高度：天體的日周運動達到正南時的高度。

什麼嘛！

就如日中天嘛，我學過呀！

好啦好啦

星星在一天中的位置變化

由於地球以**地軸**為中心，由西向東自轉，之所以在夜空中看到星星呈現由東向西運轉。也正因為如此，地球同學才會遲遲看不到位在地軸延長線上的北極星爺爺的動作。

地球一天（24小時）自轉一圈（360°）。換算下來，夜空中的星星的移動速度等於：

360°÷24小時＝15°

也就是**每小時15°**。

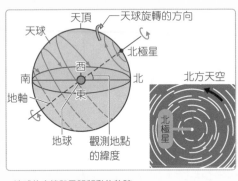

▲地球的自轉與星體移動的軌跡

POINT

○ 夜空中的星星每小時由東向西移動15度。（在北方天空是以北極星為中心，逆時針移動）

各位，請以逆時針方向每小時移動15°……

地球同學

嘩嘩嘩嘩

不錯，不錯～

咦？

為什麼你都沒在動作呢？

啊！是北極星爺爺！對不起，對不起～

呵呵呵，是我呀！

轉身

一年中太陽的位置變化

水瓶座與天秤座等占星所應用的十二星座稱為**黃道十二星座**。

所謂**黃道**，是太陽在天球上的行進路徑。由於地球圍繞著太陽公轉，因此由地球看過去，會覺得一整年下來，太陽就在那些星座之間繞了一圈。

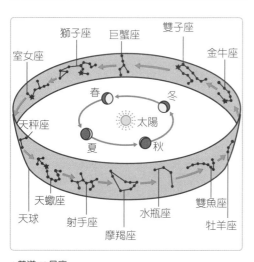

▲黃道 12 星座

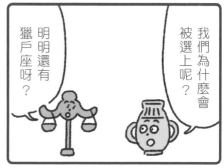

ＰＯＩＮＴ

○ 太陽在黃道上由西向東移動，一年繞行一圈。

星座的移動

由地球看過去，子夜升上中天的星座恰好位在與太陽相反的位置。由於地球1年（約365天）公轉1周（360°），因此我們也能發現子夜上中天的星座會：

360° ÷ 365天 ≒ 1°

也就是**每天大約移動1度**。這樣的天體運動稱為**周年視運動**。

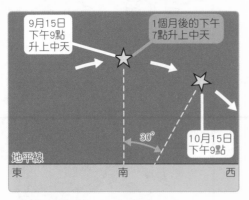

▲星星的周年視運動。

> **P O I N T**
> ● 在相同時刻能觀察到的某星座（星星）位置，會每個月由東向西移動約30°（每天約移動1°）。

星座

地軸傾斜與地球公轉

夏季白晝較長，冬季白晝較短，
加上太陽的中天高度有所變化，
於是形成了季節變化。

地球有季節變化的原因就像星星
同學說明的那樣，是：

❶地軸傾斜

❷地球繞太陽公轉

這兩項條件同時存在才成立的。

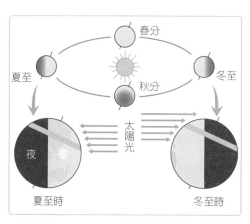

▲季節的變化
夏至與冬至時，相同緯度的晝夜長短並不相同，這一點要
多加留意喔！

ＰＯＩＮＴ

◦ 在北半球，

　夏至：太陽的中天高度最
　高，白晝最長。

　冬至：太陽的中天高度最
　低，白晝最短。

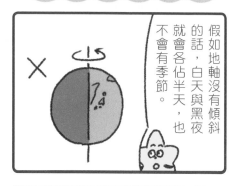

假如地軸沒有傾斜
的話，白天與黑夜
就會各佔半天，也
不會有季節。

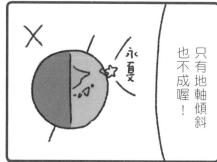

只有地軸傾斜
也不成喔！

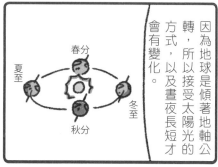

因為地球是傾著地軸公
轉，所以接受太陽光的
方式，以及晝夜長短才
會有變化。

也就是說，因為有「地
軸傾斜」加上「公轉」
這兩項條件存在，才會
產生季節……

我說，你有
沒有在聽呀？

沒喲～話
說今天的天
氣也很好耶～

是好天氣！

月亮的盈缺變化

旋轉到頭暈眼花的地球同學，真的還有辦法在實驗中理解月亮的盈缺變化嗎？

新月時，由於月亮與太陽位在相同的方向，所以我們無法觀察到月亮。但隨著月亮改變位置，光亮的部分會逐漸增加，直到運行到新月的對面時，就變成滿月。像這樣，我們所觀測到的月亮的形狀變化，就稱為**月的盈缺**。

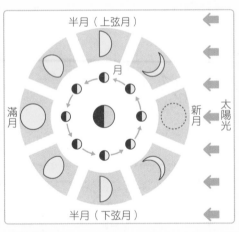

▲月的盈缺

ＰＯＩＮＴ

○ 因為月亮會改變位置（公轉），所以月形看起來有盈、有缺。

日食與月食

這是簡單就能理解天體的相關位置的實驗。

日食，是發生在新月時，太陽被月亮遮蔽的現象。

相反的，**月食**，是發生在滿月時，月亮進入地球陰影時的現象。

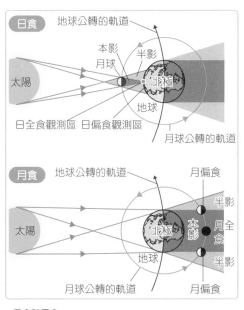

▲日食與月食

ⓅⓄⓘⓝⓣ

○ 日食：太陽－月球－地球
　月食：太陽－地球－月球

金星的盈缺

金星妹妹害地球弟弟迷糊了。當然，金星妹妹是不會撞上去。

金星、地球等繞著太陽公轉的天體稱為**行星**。

由於金星在地球的內側公轉，所以我們無法在子夜時看見金星。不過，我們能在傍晚時在西方天空觀察到它（傍晚的金星別稱長庚星），也能在清晨時見得到它（傍晚的金星別稱啟明星）。

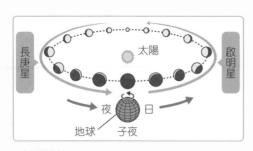

▲金星的盈缺

ＰＯＩＮＴ

○由於與地球相對位置的關係，金星也會出現盈缺變化，而且所觀測到的大小也會變化。

太陽系的天體

兩隊相比，**類木行星**大非常多，質量也大，要是進行拔河比賽，**類地行星**似乎沒有勝算可言。

以太陽為公轉中心的天體群稱為**太陽系**。在比海王星還要外緣的地方圍繞太陽公轉的天體，則統一稱作**海王星外行星**。

衛星，是指在行星周圍，圍繞行星公轉的小型天體，像是月球就是地球的衛星。

小行星，是指繞著太陽公轉的極小天體，絕大部分位於火星與木星的公轉軌道之間。

彗星，是運行軌道多呈細長橢圓形，由冰晶與細微塵埃組成的天體。

POINT

○ 除了行星以外，太陽系還有許多類型的天體。

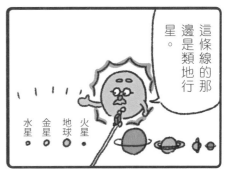

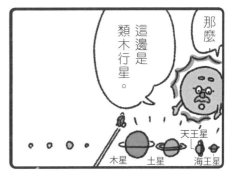

浩瀚的宇宙

地球同學決心反抗太陽系，於是飛離太陽系。沒想到，還有一個更大的系在外頭等著呢！看來，又有故事接著要熱鬧展開了！

由數億到數千億恆星與星雲（氣體）組成的星群稱為**銀河**。而我們所屬的銀河稱為**銀河系**。

銀河系空間的形狀有如凸透鏡一般，內有恆星呈漩渦狀分布。

與冬季相比，夏季的銀河看起來比較寬廣、也比較明亮。而這是因為夏季時，我們是往銀河系中心的方向觀察的緣故。

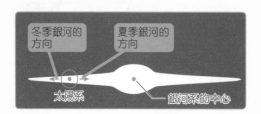

▲銀河系的模樣

POINT
- 星團：恆星密集存在的星群
- 星雲：宇宙塵埃或氣體的集合

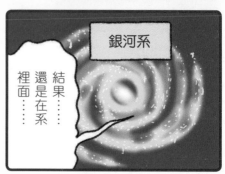

天體的周日視運動與周年視運動

星星的周日視運動軌跡

星星的周年視運動

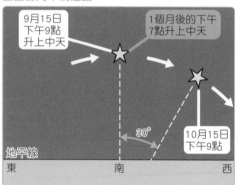

9月15日
下午9點
升上中天

1個月後的下午
7點升上中天

10月15日
下午9點

地平線
東　　　南　　　西

- 星星每小時由東向西移動 15 度。
- 同一星體在相同時刻的位置會由東向西移動 30 度。

地球的位置與四季變化

- 地軸傾斜 23.4 度（相對於地球公轉面的垂直線）。

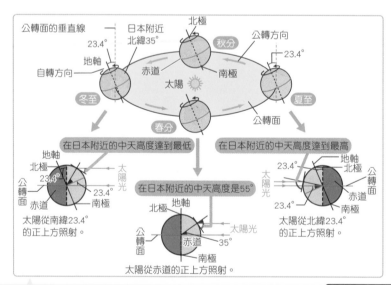

公轉面的垂直線　日本附近
　　　　　　　　北緯35°
23.4°
地軸
自轉方向

北極
秋分
赤道　南極
太陽
公轉方向
23.4°

冬至　　　　　　　　　夏至

春分　　　公轉面

在日本附近的中天高度達到最低

地軸
北極
23.4°
公轉面
赤道　23.4°
南極
太陽光

太陽從南緯23.4°
的正上方照射。

在日本附近的中天高度是55°

地軸
北極
公轉面
赤道　35°
南極
太陽光

太陽從赤道的正上方照射。

在日本附近的中天高度達到最高

23.4°
地軸
北極
公轉面
23.4°
赤道
南極
太陽光

太陽從北緯23.4°
的正上方照射。

夏季：由於中天高度較高，白晝時間較長，因此氣溫較高。
冬季：由於中天高度較低，白晝時間較短，因此氣溫較低。

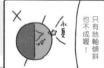

只有地軸傾斜
也不成喔！

月亮的盈缺

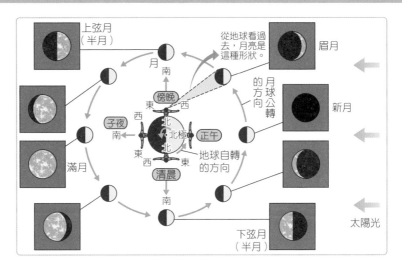

- 從滿月到下一次滿月大約經過 29.5 日。

浩瀚的宇宙

- 類地行星：水星、金星、地球、火星。
- 類木行星：木星、土星、天王星、海王星。

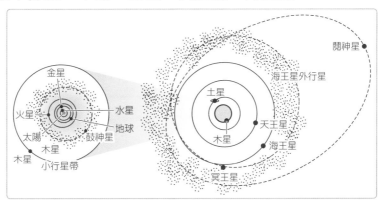

銀河系的直徑大約為 10 萬光年。太陽系位在距離銀河系中心大約 3 萬光年的地方。。

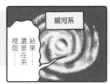

204

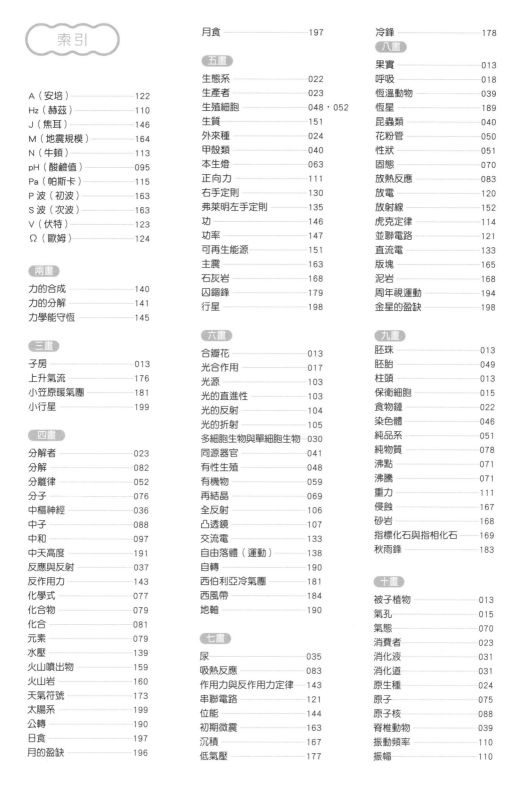

索引

上谷夫婦

奈良縣出生，現居神奈川縣。先生原為任職於知名化妝品公司資生堂的前研究員，目前與非理科出身的太太搭檔進行創作。從創作和販售原創角色「燒杯君和他的夥伴」的周邊商品開始，最近也積極從事活用理科知識的插畫工作。主要著作有《燒杯君和他的夥伴》、《燒杯君和他的化學實驗》、《最有梗的理科教室-燒杯君與他的理科小夥伴》、《最有梗的單位教室-公尺君與他的單位小夥伴》、《肥皂超人出擊！》等。最新情報請見twitter @uetanihuhu

◎◎ 少年知識家

最有梗的理科教室
燒杯君與他的理科小夥伴

作者｜學研PLUS（学研プラス）
繪者｜上谷夫婦（うえたに夫婦）
譯者｜黃郁婷

責任編輯｜呂育修
特約編輯｜廖之瑋
封面設計｜陳宛昀
行銷企劃｜劉盈萱

天下雜誌群創辦人｜殷允芃　董事長兼執行長｜何琦瑜
媒體暨產品事業群
總經理｜游玉雪　副總經理｜林彥傑
總編輯｜林欣靜　行銷總監｜林育菁
主編｜楊琇珊
版權主任｜何晨瑋、黃微真

出版者｜親子天下股份有限公司
地址｜台北市104建國北路一段96號4樓
電話｜（02）2509-2800　傳真｜（02）2509-2462
網址｜www.parenting.com.tw
讀者服務專線｜（02）2662-0332　週一~週五：09:00-17:30
傳真｜（02）2662-6048　客服信箱｜parenting@cw.com.tw
法律顧問｜台英國際商務法律事務所・羅明通律師
製版印刷｜中原造像股份有限公司
總經銷｜大和圖書有限公司　電話｜（02）8990-2588

出版日期｜2020 年 3 月第一版第一次印行
　　　　　2024 年 6 月第一版第十二次印行

定價｜380元
書號｜BKKKC137P
ISBN｜9789575035518

國家圖書館出版品預行編目資料

最有梗的理科教室：燒杯君與他的理科小夥伴
/ 學研PLUS編著；上谷夫婦圖；黃郁婷譯. --
第一版. -- 臺北市：親子天下，2020.03
208面；17x23公分
譯自：中学理科がちゃっかり学べるゆる４コマ教室
ISBN 978-957-503-551-8(平裝)
1.科學教育 2.小學教育
523.36　　　　109000297

Chuugaku rika ga Chakkari manaberu yuru 4koma
Kyoushitsu
© Uetanifufu, Gakken
First published in Japan 2018 by Gakken Plus Co.,
Ltd., Tokyo
Traditional Chinese translation rights arranged
with Gakken Plus Co., Ltd.
through Future View Technology Ltd.

訂購服務
親子天下 Shopping｜shopping.parenting.com.tw
海外・大量訂購｜parenting@cw.com.tw
書香花園｜台北市建國北路二段6巷11號
電話（02）2506-1635
劃撥帳號｜50331356　親子天下股份有限公司

立即購買▶